지방자치와 지역신문

유 상 용

지방자치와 지역신문

초판 1쇄 인쇄 • 2019년 05월 18일
지은이 • 유상용
펴낸이 • 이승훈
펴낸곳 • 해드림출판사
주 소 • 서울 영등포구 경인로82길 3-4(문래동1가 39)
　　　　센터플러스빌딩 1004호(우편07371)
전 화 • 02-2612-5552
팩 스 • 02-2688-5568
E-mail • jlee5059@hanmail.net

등록번호 • 제2013-000076
등록일자 • 2008년 9월 29일

* 책값은 표지에 있습니다
* 잘못된 책은 바꿔드립니다

ISBN 979-11-5634-343-1

지방자치와 지역신문

유상용

지역신문과 지방자치 발전간의 기능적 상관성 검증에 관한 연구
A Study on Functional Correlation between the Positive Influence of Local Newspapers and the Development of Local government

해드림출판사

프롤로그

지역신문과 지방자치 발전간의 기능적 상관성 검증에 관한 연구

 지역신문발전지원특별법 제2조에서는 지역신문에 대해 "일부 특별시·광역시·특별자치시·도·특별자치도 또는 시·군·자치구 지역을 주된 보급지역으로 하는 신문"으로 폭넓게 정의하고 있다. 따라서 지역신문이란 전국을 보급지역으로 하는 전국지와 상대적인 개념의 신문으로서 지방자치구역을 기반으로 지역여론을 형성, 대변하고 토론과 타협의 장을 제공하여 지역민주주의를 활성화하는 역할과 기능을 지닌다.

 본 연구는 지방자치시대의 대안언론으로 정착한 지역신문이 지방자치제 발전에 미치는 영향과 기능변수를 도출하고 지역신문의 활성화와 지방자치 발전 간에 기능적 상관성이 존재한다는 것을 검증하는데 목적을 두었다.

 이러한 연구목적의 달성을 위해서 문헌분석과 실증분석을 병행하였다. 문헌 분석을 통하여 연구에 대한 이론적 배경과 분석의 틀을 구축하였고 지역신문과 지방자치 발전간의 기능적 상관성에 대한 연구가설은 실증분석을 통하여 검증하였다. 실증분석은 지역주민과 지방의회의원 등 700여 명을 대상으로 설문조사를 실시했으며, 수집된 설문지는 SPSS WIN 21.0 프로그램을 이용하여 분석하였다.

이에 대한 실증분석 결과는 다음과 같다.

첫째, 지방자치의 발전에는 지역신문의 기능 중 보도적 기능과 공동체의식 회복 기능, 대안언론 기능, 그리고 오락적 기능이 통계적으로 유의미한 정(+)의 영향을 미쳤다. 따라서 지역신문의 보도적 기능과 공동체의식 회복 기능, 대안언론 기능, 그리고 오락적 기능이 높을수록 지방자치의 발전 정도가 높았다.

둘째, 지방자치의 발전에는 지역신문의 역할 중 정치적 역할과 경제적 역할, 사회적 역할, 그리고 문화적 역할 모두 통계적으로 유의미한 정(+)의 영향을 미쳤다. 따라서 지역신문의 정치적 역할과 경제적 역할, 사회적 역할, 그리고 문화적 역할이 클수록 지방자치의 발전 정도가 높은 것으로 나타났다.

셋째, 지방의회의원이 일반 지역주민보다 지역신문의 보도적 기능 및 공동체의식 회복 기능, 대안언론 기능, 오락적 기능의 지역신문의 기능과 지역신문의 정치적 역할 및 경제적 역할, 사회적 역할, 문화적 역할의 지역신문의 역할, 그리고 지방자치 발전에 대해 높은 인식을 보였다.

본 연구에서 밝혀진 연구결과를 중심으로 다음과 같은 정책적 함의를 제시하고자 한다.

첫째, 지역신문의 기능 중 보도적 기능과 공동체의식 회복 기능, 대안언론 기능, 그리고 오락적 기능 중 특히 대안언론 기능이 지방자치 발전에 가장 큰 영향을 미치므로, 지역신문이 지방자치 발전에 보다 기여하기 위해서는 일간신문들이 외면하는 지역의 소외계층과 소수의 이익과 주장을 대변하는 신문으로서 그 기능을 다해야 할 것이다.

둘째, 지방자치의 발전은 지역신문의 정치적 역할과 경제적 역할, 사회적 역할, 문화적 역할 중 정치적 역할과 매우 밀접한 관계가 있다. 따라서 지역신문은 지역여론을 형성하기 위한 공론의 장으로서의 역할을 해야 하며, 지방의회와 집행기관의 제반 활동에 대한 감시자·비판자로서 지역주민의 이해관계를 대변하는 역할을 충실히 수행해야 한다.

셋째, 지방의회의원이 일반 지역주민보다 지역신문의 기능과 역할에 대해 높이 평가하고 있으므로, 지역의 여론주도와 정책적 대안 및 방향을 제시하는 것이 바람직한 것으로 보인다. 이 같은 결과는 당연한 결과로서 지역주민들보다는 지방의회의원들이 지역신문을 구독하거나 관심을 갖는 등 접근성에 있어서 우위를 점하고 있기 때문이다. 이 같은 점들을 고려하여 지역신문이 발전하기 위해서는 지역주민들과 함께 하는 지역신문으로 자리매김해야 할 것이다.

넷째, 지역신문에 대한 지역주민들의 관심과 참여를 유도하기 위해서는 지역신문이 지역사회의 발전을 위해 지역주민들이 주도적으로 참여할 수 있는 장을 마련해야 하며, 지역의 문제 발생 시에 주도적 역할을 수행하고, 환경감시와 여론계도의 기능을 보다 강화해야 할 것이다.

다섯째, 우리나라의 지역신문은 지역사회와의 연계를 바탕으로 지방자치제를 성공적으로 정착시키기 위한 주체로서 지역사회의 발전과 지역주민의 이익 대변을 위해 앞장설 때 지역사회에서 그 위치를 확고히 할 수 있으며, 자생력을 지닌 지역의 언론매체로서 그 기능을 충실히 할 수 있을 것이다.

목 차

프롤로그 4

Ⅰ. 서론 13
  1. 문제제기 및 연구의 목적 14
  2. 연구방법 및 범위 49

Ⅱ. 지역신문과 지방자치에 관한 이론적 배경 23
  1. 지역신문의 역할과 기능 24
    1.1 지역신문의 의의와 특성 24
    1.2 지역신문의 역할 34
    1.3 지역신문의 기능 41

  2. 지역신문의 위상 검토 49
    2.1 외국의 지역신문 49
    2.2 한국 지역신문의 현황 63
    2.3 한국 지역신문의 장애요인과 대응전략 70

  3. 지방자치제도의 구조와 기능 82
    3.1 지방자치제도의 의의와 기능 82
    3.2 지방자치단체와 자치권 90
    3.3 지방의회 100
    3.4 집행기관 106

4. 지역신문과 지방자치의 상관성 112
   4.1 민주주의 장치로서의 상관성 112
   4.2 지역신문과 지방자치단체 119
   4.3 지방자치시대와 지역신문의 역할 122
   4.4 선행연구의 검토 127

Ⅲ. 연구 설계 133
 1. 연구모형 및 가설의 설정 135
   1.1 연구모형 135
   1.2 지방자치의 효용과 발전지표 136
   1.3 가설의 설정 143

 2. 설문지 구성 146

 3. 표본의 설계 및 분석방법 148
   3.1 표본의 설계 및 자료수집 148
   3.2 분석방법 148

Ⅳ. 연구결과 및 해석 151
 1. 연구대상 152

 2. 측정도구의 타당도와 신뢰도 검증 154
   2.1 타당도 검증 154
   2.2 신뢰도 검증 157
   2.3 변수 간의 상관관계 158

3. 가설검증 160
　3.1 가설1 검증 160
　3.2 가설2 검증 165
　3.3 가설3 검증 170
　3.4 정책적 시사점 174

Ⅴ. 결론 및 정책 제언 177
　1. 결론 179
　2. 정책 제언 181
　3. 연구의 한계 184

참고문헌 187

〈부록〉설문지 199

Abstract 203

- 표 목 차 -

〈표 Ⅱ-1〉 신문산업 분류 체계 65
〈표 Ⅱ-2〉 최근 3년간 정기간행물 등록 현황 65
〈표 Ⅱ-3〉 지역별 지역 종합일간지·주간지 수 67
〈표 Ⅱ-4〉 지역 종합일간지·주간지 수 68
〈표 Ⅱ-5〉 지역별 지역 종합일간지·주간지 자본금 규모 68
〈표 Ⅱ-6〉 지역별 지역 종합주간지·인터넷 지역신문 매출액 현황 . 69
〈표 Ⅱ-7〉 지방자치법상 지방의회의 지위 102

〈표 Ⅱ-8〉선행연구 요약 131
〈표 Ⅲ-1〉지방자치의 효용과 발전지표 143
〈표 Ⅲ-2〉설문지 문항 구성 내역 147
〈표 Ⅳ-1〉연구대상자의 일반적 특성 152
〈표 Ⅳ-2〉지역신문의 기능과 역할 변수 요인분석 결과 155
〈표 Ⅳ-3〉지방자치의 발전 변수 요인분석 결과 156
〈표 Ⅳ-4〉신뢰도 검증 157
〈표 Ⅳ-5〉변수간의 상관관계 159
〈표 Ⅳ-6〉지역신문의 기능과 지방자치의 발전의 상관성 160
〈표 Ⅳ-7〉지역신문의 기능과 정치적 효용의 상관성 162
〈표 Ⅳ-8〉지역신문의 기능과 행정적 효용의 상관성 163
〈표 Ⅳ-9〉지역신문의 기능이과 사회·경제적 효용의 상관성 165
〈표 Ⅳ-10〉지역신문의 역할과 지방자치의 발전의 상관성 166
〈표 Ⅳ-11〉지역신문의 역할과 정치적 효용의 상관성 167
〈표 Ⅳ-12〉지역신문의 역할과 행정적 효용의 상관성 168
〈표 Ⅳ-13〉지역신문의 역할과 사회·경제적 효용의 상관성 169
〈표 Ⅳ-14〉지역신문의 기능과 역할 172
〈표 Ⅳ-15〉지방자치의 발전 173

- 그 림 목 차 -

〈그림 Ⅲ-1〉연구모형 135

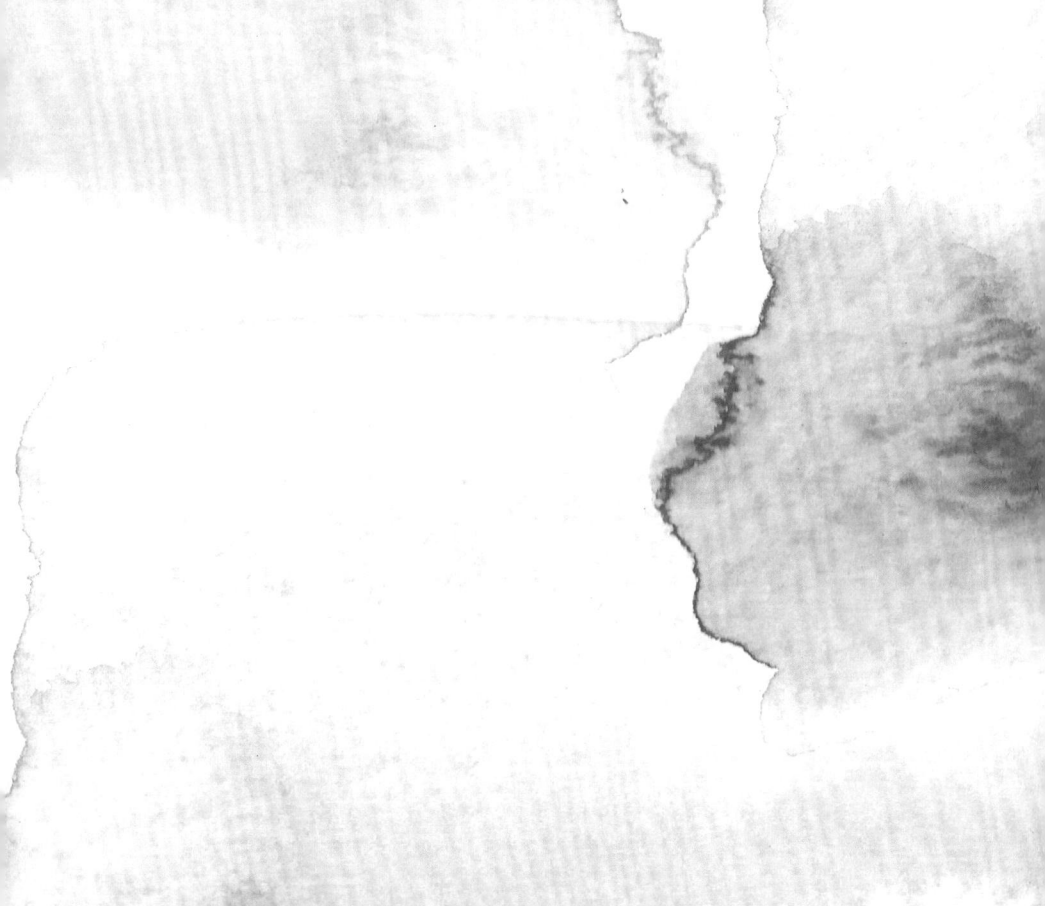

I.
서 론

1. 문제제기 및 연구의 목적
2. 연구방법 및 범위

1. 문제제기 및 연구의 목적

1991년 지방선거를 실시하면서 30년 만에 지방자치를 다시 시작한 우리나라는 세계화(globalization)의 흐름에 발맞춰 본격적인 지방화의 시대를 구축해왔다. 이제는 지역이 중앙정부의 예속적 하급 행정단위라기보다는 하나의 독자적인 정치적 장(場)으로 인식되게 되었다. 특히 지방화시대는 지역이 주민의 삶의 질을 향상시켜야할 핵심적인 역할을 담당하도록 지방분권을 강조하고 있다. 그러나 아직도 지방자치단체가 지역주민의 삶의 질을 향상시키는 중심적 역할을 제대로 하고 있다고 긍정적으로 보는 사람은 드물 것이다(김영일, 2014, p. 99).

지방자치는 지역주민의 참정과 주민참여를 바탕으로 하기 때문에 민주주의의 기초가 된다. 또 현대 민주주의는 여론을 바탕으로 한 토론과 타협에 의한 정치이다. 이러한 민주정치는 각 개인의 동등한 존엄성을 전제로 해야 하며 또 각 개인 간의 동의를 토대로 하는 것이기 때문에 민주정치 하에서는 당연히 정치적 의사소통(communication)의 중요성이 강조된다. 따라서 민주주의가 발전할수록 정치에 있어서 여론의 힘이 증대되게 되는 것은 당연하며, 정치권력의 정당성 또한 국민의 참여 내지 동의에서 발현되기 때문에 이들의 주도적 매체가 되는 언론의 역할이 중요시 될 수밖에 없게 된다(김병국, 1997, p. 278).

현대 민주정치를 여론정치라고 본다면 여론조성의 역할과 기능을 담당하는 언론의 중요성이 강조되는 것은 당연할 수밖에 없다. 지방화 시대에서는 지역주민의 의사를 수렴하고 대변하여 지역여론을 형성함으로써 풀뿌리 민주정치를 가능하게 해주는 지역 언론 또한 중앙언론 못지않게 그 역할이 중요한 것이다. 특히 지역 언론은 '지방적 특수이익의 존중'이라는 지방자치의 목적과도 밀접하게 관련이 있기 때문에 그 존재의 필요성이 더욱 강조될 수 있다(박홍수, 1986, p. 36; 이용길, 1999, p. 2).

그러나 현실적으로 우리나라의 지역언론은 언론환경이 구조적으로 변화하는 가운데 상대적으로 재정의 영세성과 더불어 인적자원도 부족하다. 뿐만 아니라, 취약한 산업구조에 따른 광고문제 등으로 경영자체가 일반적으로 어려운 처지에 놓여 있다. 그렇다고 하여 지역언론의 역할과 기능을 과소평가해서는 안 될 것이다. 민주적인 지역사회의 발전과 지방자치제도의 성공적인 정착을 위해서는 지역언론의 역할이 무엇보다도 중요하다는 것을 인식해야 할 것이다. 김세철(1997)은 지역언론이 지역주민들의 기대와 욕구수준에 부응할 수 있도록 지역사회의 문제와 관심사 등을 심층적으로 취재하여 보도함으로써 지역여론을 대변하고 합의를 도출해 나가는 한편 주민들의 애향심을 고취하는 역할을 해야 한다고 하였다(김세철, 1997, pp. 27-28).

지방자치제도가 '풀뿌리 민주주의' 또는 '민주주의의 학교'라고 주장되어 오고 있다는 점에서도 지방자치제도와 민주주의는 불가분의 관계이며, 지방자치 없는 민주주의는 생각할 수 없기 때문에 지방자치는 민주주의의 필요조건이라고 할 수 있다. 이러한 지방자치의 원활한 운영을 위해서도 지역언론의 활성화는 필수적이다. 따라서 지역언론이 지역사회에서 담당해야할 역할과 기능은 한 국가 내에서 중앙언론이 수행하는 역할과 기능과 대동소이하다고 볼 수 있는 것이다(김병국, 1997, pp. 280-281).

이상과 같은 점에서 지역사회의 발전은 지역언론의 발전과 밀접하게 연결되어진다. 즉 지역사회는 지역언론이 활동하고 발전하는 기반이 되는 한편 지역언론은 지역민주주를 정착시키고 지역사회를 발전시키는 원동력이 되기 때문이다. 지방자치제의 정착을 통한 지역민주주의의 활성화는 지역언론이 발전하기 위한 토대가 되며 지역언론이 활성화되지 않는 한 민주적인 지방자치와 지역사회 발전을 기대하기 어렵기 때문이다(한국언론연구원, 1996, pp. 20-21).

지역언론으로서의 지역신문은 지역사회 내에서 보도기능, 감시기능 및 지도적 기능 등을 수행할 뿐만 아니라 지역사회의 발전을 위해 각종 역할을 담당하고 있다. 지역발전을 이끌어가는 지역정책과 지방행정에 대한 올바른 견제와 비판을 수행함으로써 공공의 이익을 대변하고 수호하는 것도 하나의 중요한 역할이다. 이러한 지역신문의 역할이 더욱더 중시되고 강화될 때, 지방행정기관과 지역주민과의 상호관계는 더욱 더 밀접해지고 확대될 수 있게 된다(권오인, 2003, p. 2).

지역신문 역시 민선자치시대에 발맞추어 지역주민의 삶의 질 향상과 관련된 불편·애로사항 등을 중심으로 한 지역의 뉴스를 보도하려는 노력을 강화하고 있다. 특히, 지역신문은 지방자치단체장과 지방의회의 활동을 감시하고 비판하는 기능과 지역발전을 선도하는 역할을 수행하고자 노력해야 할 것이라고 본다(변봉주, 2007, p. 1). 하지만, 지역신문은 여러 가지 이유들로 인해 지방정부가 추진하는 각종 지역개발 정책 및 현안 사업을 둘러싸고 발생되는 문제점이나 개선방안의 모색 등과 같은 사실적이고 적극적인 보도태도를 지니지 못할 가능성이 높다는 지적도 있다. 즉, 지방행정의 결정과 집행과정에서 발생하는 부정적인 측면에 대한 사실적 비판적 보도는 축소하거나 은폐하고 긍정적인 측면은 상대적으로 확대하여 과장되게 보도할 개연성을 가지고 있다는 것이다. 따라서 지역신문은 지방정부의 행정수행 과정에서 발생하는 잘잘못을 가감 없이 지적하는 한편 그 문제 해결이나 개선방안 등을 정확하고 신속하게 제시해야 한다. 지역신문이 이와 같은 역할을 제대로 수행하지 못하는 상황에서는 지역민주주의 발전과 지방자치의 정착은 요원할 수밖에 없다(남효윤, 2002, p. 36).

지방화시대에 있어서 지역신문은 지역의 파수꾼이자 대변인의 역할을 해야 한다. 이를 위해 우선적으로 해당 지역에서 발생하는 세세한 소식을 신속하고 정확하게 전달해 참여와 토론을 통한 지역사회발전의 토대를 마련해야 한다. 다음으로는 지역주민들에게 개인적인 정체성을 확립해주고 지역사회에 대한 애향심 고취를 통하여 사회적 통합을 이룩해야 한다. 그리고 지방자치단체에 대한 건전한 비판과 감시 및 견제기능의 수행과 지역사회의 문화창달 및 공동이익의 추구 역시 빼놓을 수 없는 것이다(유영돈, 2010, p. 32).

지방자치시대에 지역언론이 지역사회에 미치는 영향은 중요하고 막중하다고 할 수 있지만, 아직까지 그 영향에 대한 구체적 연구는 미미하다고 할 수 있다. 특히, 지역신문과 지방자치 및 지역사회 발전과의 기능적 관계 역시 아직까지 확실하게 규명되어 있지 않기 때문에 이에 대한 기초적인 연구가 시급한 실정이다.

따라서 연구는 지역신문의 기능 및 역할과 지방자치 발전 간의 기능적 상관성을 을 검증함으로써 지역신문의 역할과 기능이 지방자치 발전에 미치는 긍정적인 관계를 입증하고 지역신문의 활성화와 함께 지방자치 발전에 기여할 수 있는 대안들을 제시함에 목적이 있다.

2. 연구의 방법 및 범위

본 논문의 연구수행에 있어서 문헌조사방법과 실증적 분석 방법을 동시에 사용하였다. 먼저 문헌연구는 지역신문 및 지방자치의 의의, 지방자치시대의 지역신문의 역할, 지역신문의 특성. 지역신문에 의한 지방자치 발전 기여체계 등에 관한 각종 학위·학술논문과 한국언론진흥재단 등에서 발행한 간행물 등을 참고하였다.

한편 연구의 접근방법으로는 기능적 접근방법과 행태론적 접근방법을 활용하였다. 기능적 접근방법은 외형적으로 나타나는 제도나 법규를 중시하기보다는 이러한 제도나 법규가 어떠한 활동과 기능을 수행하기 위해 만들어졌는가 하는 관점에서 사회현상을 연구하려는 접근방법이기 때문이다. 또한 행태론적 접근방법은 사회현상의 과학적 연구를 위해 경험적 조사연구 방법을 중시하는 접근방법이다.

실증분석에 있어서 설정된 가설을 검증하기 위해서는 표준화된 설문지(questionnaire) 조사방법을 이용하여 이를 횡단적(cross-sectional approach)으로 분석하고자 한다. 설문대상은 서울시민 500여 명과 지방의회 의원 200여 명 등 모두 700여 명을 대상으로 선정하였다.

통계분석 방법으로는 사회과학통계분석 프로그램인 SPSS(statistical package for the social science) WIN 21.0을 이용하였다. 조사결과에 대한 기본적인 통계분석을 위하여 빈도분석(frequency analysis)을 실시하였다.

또한 지역신문의 역할과 기능을 독립변수로 하고 지방자치 발전 기여도를 종속변수로 상정한 후 종속변수에 대해 독립변수들이 어떻게 작용하고 있는가를 요인분석(factor analysis)하였다. 그리고 세부적인 설문 구성항목의 변수의 타당성을 알아보기 위해 상관관계분석을 실시하고, Cronbach α를 산출하였다.

다음으로 회귀분석(regression analysis)을 실시하여 지역신문의 기능과 역할이 지방자치 발전에 미치는 영향을 파악하였다.

마지막으로 t-test(검증)를 실시하여 지역주민과 지방의회의원의 지역신문의 기능과 역할, 그리고 지방자치 발전에 대한 인식을 반복 분석하였다.

본 연구를 진행하는데 있어서 연구의 범위는 시간적 연구범위와 조사대상, 공간적 범위 등으로 구분할 수 있는 바, 먼저 시간적 연구범위는 1991년 4월 15일 지방의회 출범이후부터 현재까지로 선정하였다.

연구조사 대상의 범위는 서울지역 거주 시민 500여 명과 지방의회 의원 200여 명 등 모두 700여 명을 선정하여 설문조사를 실시하였다.

본 연구는 전체 5장으로 구성될 것이며 그 내용은 다음과 같다.

제1장은 연구의 개요부문으로 연구의 배경과 문제의 제기, 연구의 방법 및 범위를 제시하였다.

제2장은 본 연구를 위한 이론적 고찰 및 선행연구에 대한 부문으로서 지방자치와 지역신문, 지방자치와 지역신문의 관계, 지방의회의원의 대표 활동 내용, 지역신문에 의한 지방자치 발전기여 체제, 지방자치 발전을 위한 지역신문의 역할, 한국 지역신문의 현황 및 문제점·생존 전략으로 지역신문의 현황을 고찰하고, 아울러 지역신문의 문제점 등에 대해 고찰하였다.

제3장은 연구설계로서 연구모형 및 가설의 설정, 설문지 구성, 표본의 설정 및 분석방법 등으로 구성했다.

제4장은 연구결과 및 해석, 연구대상, 측정도구의 타당도와 신뢰도 검증, 변수간의 상관관계, 가설검증으로 구성했다.

제5장은 결론 및 정책제언으로 정책적 함의 및 연구의 한계 등으로 구성되었다.

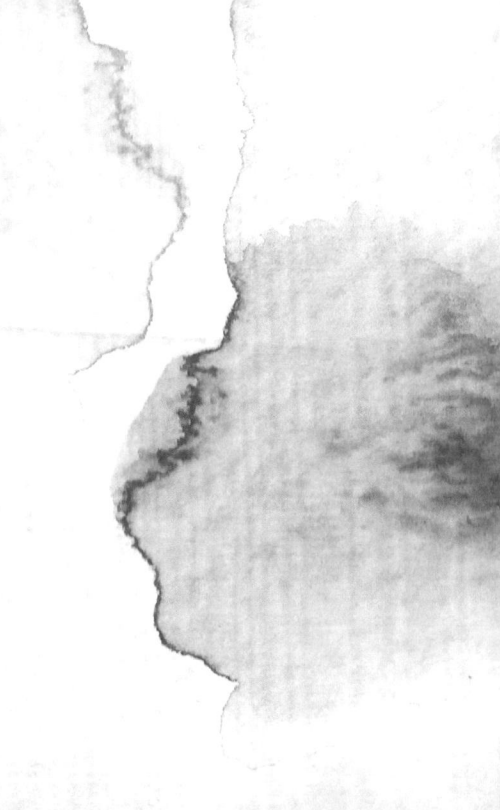

II.
지역신문과 지방자치에 관한 이론적 배경

1. 지역신문의 역할과 기능
2. 지역신문의 위상 검토
3. 지방자치제도의 구조와 기능
4. 지역신문과 지방자치의 상관성

1. 지역신문의 역할과 기능

1.1 지역신문의 의의와 특성

1.1.1 지역신문의 의의

 대부분의 사회과학 개념이 다양하게 정의되는 것과 같이 지역신문의 개념도 여러 가지로 정의되고 있다. 지난 1980년대 말을 전후해서 전국 각 지역에서 지역신문들이 창간러시를 이룬 이래 30년 가까운 시간이 지났으나 지역신문에 관한 정의가 현재까지도 명확하게 일치되지 못하고 있다. 그러나 지역신문이 특정 지역의 독자들을 상대로 당해 지역의 뉴스나 생활정보 등을 보도하는 한편, 지역사회의 여론을 대변하고 계도하는 기능을 수행한다고 보는 점은 공통된 특징이다. 따라서 지역신문이 다양하게 정의되는 원인은 지역을 어느 관점에서 해석하는가에 있다는 것을 알 수 있다. 지역을 해석하는 관점에 따라 지역신문의 개념이 달라지고 있음을 분석한 것은 다음과 같다.
 첫째 지역 또는 지방을 중심-주변(center-periphery)의 관점에서 수도 서울이 아닌 주변으로 파악하는 입장이다. 이러한 입장에선 신문의 발행 장소가 서울이냐 아니면 기타 지역이냐에 따라 중앙지와 지방지로 구분하게 된다. 유영돈(2010b)이 지역신문을 서울을 제외한 광역자치단체에 본사를 두고 당해 지역 내에서 생산된 뉴스와 각종 정보를 지역 내에 보급하는 언론매체라고 정의한 것(유영돈, 2010b, p. 34)이 바로 지역을 중심-주변의 논리로 파악하고 있는 것이다. 고재석(2006)도 같은 입장에서 지역신문을 서울 이외의 도(道)권역에서 발행되어 당해 지역의 사건과 문제 등을 종합적으로 취재, 보도하여 지역주민과 상호작용을 활성화함으로써 지역주민간의 응집력과 참여도를 높이고 지역사회의 발전을 도모할 수 있는 신문이라고 정의했다(고재석. 2006, p. 13).

둘째, 지역 또는 지방을 서울을 포함한 모든 행정구역을 동등한 국가 영토의 구성요소로 보는 입장이다. 이러한 입장에서 권오인(2003)은 지역신문을 특정지역에서 발행되어 당해 지역주민을 대상으로 구역 내의 다양한 문제들을 다루는 신문으로 정의하였다. 또 이러한 지역신문은 보도·해설·논평 등을 통하여 지역사회의 정책을 홍보하고 비전을 제시하며, 지역여론을 수렴하고 지역주민들에게 교육문화 및 오락과 광고 등과 같은 정보를 전달하는 기능을 수행함으로써 지역사회 발전에 기여하는 언론기능을 수행한다고 주장하였다. 이종갑(2007)도 지역신문이란 특정지역에서 발행되어 그 지역주민을 대상으로 해당지역의 다양한 문제를 다루는 신문이라고 똑같이 정의하고 있다. 그리고 지역신문은 뉴스전달·해설·논평 등을 통하여 지역사회의 제반 환경을 감시하며, 지역주민들에게 교육문화 및 오락과 광고 등과 같은 정보를 전달하는 기능을 수행함으로써 일반적인 언론기능을 수행하는 신문형태의 정보매체라고 주장한데서 권오인(2003)과 대동소이한 입장을 보이고 있다. 또한 김석태(2013)도 지역신문을 특정한 지역을 중심으로 발행하는 신문으로 정의하였으며, 그 지역의 새 소식과 화제들을 중점적으로 보도하고 해설한다고 하였다.

그러나 고재석(2006)과 유영돈(2010b)의 지역신문에 관한 정의는 설득력을 얻기 어렵다. 왜냐하면 서울에서도 다수의 광역 일간신문과 주간 지역신문들이 발행되고 있으며, 서울시내 25개 자치구에서도 각 자치구별로 3개 내외의 지역신문들이 발행되고 있기 때문이다.

이상의 개념적 차이 외에도 지역을 광역자치단체로 볼 것인가 기초자치단체로 국한할 것인가에 따라서도 지역신문의 개념이 다르게 정의되고 있음을 볼 수 있다.

앞의 고재석(2006)과 유영돈(2010b)의 개념 정의에서는 광역자치단체를 지역단위로 보고 있음을 알 수 있다. 그러나 권오인(2003), 이종갑(2007), 김석태(2013) 등은 특정 지역이라고 표현함으로써 광역자치단체인지 기초자치단체인지 모두를 포함하는 것인지를 분명하게 정의하지 않고 있음을 보여준다. 이러한 입장과 반대로 변봉주(2007)는 시·군·구 등 기초지방자치단체 지역에서 발행되고, 그 지역주민을 주된 대상으로 해당 지역의 제반 문제를 다루는 신문을 지역신문으로 정의하고 있다. 지역신문은 또한 정보전달 기능과 함께 비판 및 대안 제시 기능을 수행함으로써 일반적인 언론기능을 수행하는 매스 미디어라고 정의하고 있다(변봉주, 2007, p. 23).

나아가서 변동현(1998)은 지역신문을 읍, 면, 군, 중·소도시, 대도시의 구 등 소규모 지역사회 주민들을 대상으로 해당 지역의 뉴스나 생활정보 등을 전달하는 유가 또는 무가의 신문이라고 정의하여(변동현, 1998, p. 396) 지역의 의미를 더욱 좁게 해석하고 있다.

한편 2004년「지역신문발전지원 특별법」이 시행되기 이전까지는 우리나라의 신문은 크게 중앙지, 지방지, 지역지로 분류되고 있었다. 그러다가 동 특별법이 시행되자 지방지들이 특별법에 따라 지원을 받고자 스스로 지역신문 대열에 합류했다.

그리고 이「지역신문발전지원 특별법」제2조(정의)에서는 지역신문을「신문 등의 진흥에 관한 법률」제2조 제1호에 해당하는 신문으로서 일부 특별시·광역시·특별자치시·도·특별자치도 또는 시·군·자치구 지역을 주된 보급지역으로 하는 신문을 말한다."고하여 광역자치단체와 기초자치단체를 모두 포함하고 있음을 보여준다. 이를 바탕으로 지역신문을 광역시·도 등 광역자치단체를 대상으로 발행하는 신문(주로 지역일간지)과 시·군·구 등 기초자치단체를 대상으로 발행하는 신문(주로 지역주간지)으로 구분해 볼 수도 있다.

따라서 이상에서 고찰한 개념을 바탕으로 본 연구에서는 시역신문을 '서울을 포함하여 전국이 아닌 일정한 지역(하나 또는 복수의 광역 및 기초 지방자치단체)에서 해당 지역주민들과 지방자치단체 그리고 지역사회의 상호작용과 이에 관한 각종 기사를 중점적으로 취재·보도하는 정기간행물'로 정의하고자 한다.

　한편 우리나라 지역신문의 역사와 등장 배경에 관하여 살펴보면 다음과 같다. 역사적으로 볼 때 우리나라 최초의 지역신문은 1909년 8월 경남 진주에서 발행된 '경남일보'이다. 경남일보는 뜻있는 지역인사들이 주식회사를 설립하여 한글판 신문인 경남일보를 창간했다. 그 후 1960년 4·19 직후에 신문 발행 환경이 자유롭게 바뀌자 전국 각 시·군 단위에서도 주간신문 형태의 지역신문들이 발행되기 시작했다. 그러나 이듬해인 1961년 5·16 직후에 시행된 언론통제정책으로 수많은 지역신문들의 등록이 취소되는 탄압을 겪었다. 그 후 1980년 11월 14일 군부통치의 강압아래 일부 중앙언론의 흡수통합 및 폐간, 뉴스보도 금지와 함께 지역신문(지방 일간신문)도 1도 1사의 원칙에 따라 통폐합되기에 이르렀다. 그러다가 전두환 정권 말기인 1987년 6·29선언 직후 지방자치제 실시를 앞두고 「정기간행물 등록 등에 관한 법률」[1] 이 제정되면서 1988년 12월 1일 충남 홍성에서 '홍성신문'이

1　정기적으로 발행하는 신문·잡지와 기타 간행물에 관한 사항을 규정함으로써 언론의 건전한 발전을 도모하기 위해 제정한 법(1987. 11. 28, 법률 제3979호). 1987년 언론기본법을 폐지하고 제정된 뒤 2003년 5월 법률 제6905호까지 8차례 개정되었다. 정기간행물이란 동일한 제호로 연 2회 이상 계속적으로 발행하는 신문·잡지와 기타 간행물로 정의한다. (두산백과사전. (http://terms.naver.com/entry.nhn?docId=1140277&cid=40942&categoryId=31707).

창간된 것을 필두로 1989년 5월 18일 서울에서 '강남신문'이 창간되는 등 전국 각 지역에서 지역신문 창간 러시를 이루었다. 그 후 1995년 제1회 전국동시지방선거의 실시와 함께 본격적인 지방자치 시대가 개막되면서 1988년에 이어 2차 지역신문 창간 붐이 조성됐고, 2002년 제3회 전국동시지방선거를 전후해 3차 붐이 일었다. 이 같은 현상을 볼 때, 지방자치제도의 실시가 한국 지역신문의 양적 성장에 지대한 영향을 미친 것으로 평가할 수 있다(이태열, 2010, pp. 8-9).

특히, 중앙집권적이고 관치적인 사고와 행정체계에서 지역주민들이 그 지역의 살림살이를 결정하는 지방분권적 자치적 사고로 전환되고 민주적으로 발전해가는 단계마다 지역신문이 성장되었다. 이러한 현상을 주민의 알 권리라는 측면에서 분석해 보면 지역신문은 지역주민의 주변적 생활공간의 가장 기초단위인 지역사회에서 지역주민들이 알고자 하는 욕구에 대응하기 위해 필연적으로 태동되었다고 할 수 있다(권오인, 2003, p. 7).

이처럼 지역신문은 사회적 환경, 특히 정치적 환경의 변화에 따라 단계적으로 발전하는 언론의 발전과정에서 필연적으로 나타날 수밖에 없는 결과물인 것이다. 일찍이 메릴과 로웬스타인(Merrill & Lowenstein, 1971)은 새로 출현하는 모든 미디어는 사회적 환경의 변화에 따라 일정한 과정을 거치면서 발전한다고 주장하고 이러한 발전단계를 EPS(elite popular specialize) 곡선[2] 으로 설명

---

2 매스미디어 보급의 3단계를 설명해주는 곡선을 말한다. 메릴은 매스 미디어의 보급이 엘리트 단계, 대중문화 단계, 전문화 단계로 이루어진다고 주장하였다. 즉 초기에는 교육수

하였다. 새로 출현한 미디어는 처음에는 소수 엘리트 계층만이 이용하다가 이어서 대중화 단계로 발전하게 된다. 그런데 대중화 단계에서는 모든 사람의 최대공약수를 추구하기 때문에 전문적이고 계층적인 정보만이 전문화단계로 발전해 간다는 이론이다. EPS 곡선으로 판단할 때 지역신문은 스포츠신문, 환경신문, 경제신문 등과 같은 전문신문으로 볼 수 있을 것이다. 따라서 지역신문의 등장을 초래한 요인은 대다수의 지역신문들이 '지방속의 지방'으로 정보의 공백지대로 방치되어온데 따른 정보의 수요와 기존의 지방 일간지만으로는 도저히 지역주민들의 정보 수요를 충족시킬 수 없다는 판단에 의한 자각이 싹트기 시작한 것이기 때문이다(권대우, 2009, pp. 14-15).

한편 변봉주(2007)는 지역신문의 등장배경을 다음과 같이 다섯 가지로 구분하여 고찰하였다. 첫째, 일간지를 중심으로 구축된 한국 신문업계의 정보전달체계는 시·군·구 등 기초자치단체단위의 지역정보를 필요로 하는 지역 독자들의 욕구를 충분히 충족시켜 주지 못했다. 둘째, 기존의 지방지들이 지역정보의 수집과 전달 매체로서의 역할을 제대로 수행하지 못했다. 셋째, 지방자치를 전면적으로 실시함에 따라 지역문제를 지역주민 스스로 결정해

준이 높고 재력이 있는 소수의 엘리트가 매스미디어를 독점하나 산업화 도시화 과정을 거치면서 교육받은 사람들과 중산층이 늘어나면서 매스미디어 보급의 대중화가 일어나게 되고 마지막으로 정보화 사회를 맞아 개별화·다양화된 정보욕구를 충족시키기 위해 전문적인 정보를 전달하는 전문신문들이 등장하게 된다는 것이다(http://blog.naver.com/ktd42744/120172613996).

야 한다는 인식이 높아지게 되었다. 이에 따라 지역문제에 관한 다양한 정보를 심층적으로 분석하여 제공할 수 있는 새로운 지역전문 매체의 필요성이 증대되었다. 넷째, 지역신문은 전국지에 비해 소규모의 자본으로도 언론사를 운영할 수 있다는 매력을 지니고 있기 때문이다. 다섯째, 지방자치제의 실시와 더불어 지역의 사회적·경제적·정치적 환경이 변화하였고 이러한 환경변화에 적응하여 나타나는 언론의 발전단계에 따라 지역신문이 필연적으로 등장할 수밖에 없는 것이다(변봉주, 2007, pp. 24-25).

1.1.2 지역신문의 특성

지역신문은 한정된 지역에 배포되어 제한적으로 영향을 미치는 신문이므로 전국적 공간이 아닌 한정된 지역적 공간의 의사소통에 기여한다. 지역신문의 영향력의 크기는 주로 지리적 공간의 규모와 독자층의 분포에 따라 결정되게 된다. 지역신문은 독자들로부터 호평을 받기 위해서는 지역 내에서 뿐만 아니라 전국적으로 경쟁하여야 한다. 특히 지역신문의 이러한 경쟁과정에서는 편집진의 리더십이 중요하게 작용하게 되며, 사설의 강도와 질적 수준 역시 지역신문의 경쟁력과 명성을 결정하는 중요한 요소가 된다(Emery et. al. 1989, pp. 97-101: 변봉주, 2007, p. 25 재인용).

지역신문은 공간적 범위가 중앙일간지와 달리 지역성에 초점을 맞출 수 있다는 것이 최대의 장점이자 특성이다. 따라서 지역신문은 지역사회의 주민들의 관심도가 높은 지역적 이슈 제시에 효과적이다. 뿐만 아니라 지역사회 내 여론 주도층과의 커뮤니케이션에 효율적이며, 독자와 근접해 독자의 자유로운 접근을 통해 쌍방향적 커뮤니케이션을 실현할 수 있다는 장점을 가지고 있다(한진만 외, 2010, p. 113).

지역신문은 중앙 일간지와 비교하여 근접성의 특성을 가지고 있다. 즉, 지역신문은 뉴스의 가치판단의 기준인 시의성·저명성·근접성·흥미도 등의 영역에서 중앙 일간지보다 우위를 점하고 있다. 지역신문은 우위에 있는 근접성을 바탕으로 지역문제에 대해 심층적이고 전문적으로 다양한 보도를 할 수 있는 시간적, 공간적 장점을 가지고 있다. 이는 지역신문이 주로 지역에서 발생되는 사건과 이슈를 취재, 보도하기 때문에 중앙 일간지에 비해 지역주민들의 관심을 집중시킬 수 있다. 그리고 지역신문은 정치에 무관심하기 쉬운 지역주민들에게 지역정치와 관련된 구체적인 이슈를 홍보하는 역할을 담당함으로써 그들의 관심을 유발시킬 뿐 아니라 지역의 사소하고 일상적인 삶에 대한 정보를 전달하고 교육하는 사회문화 및 교육적 기능도 수행한다(Fuller, 1994, p. 27: 변봉주, 2007, p. 25 재인용).

한편 지역신문은 지역주민들의 관심을 유발할 수 있는 지역적 쟁점이나 관심사를 제시하는 한편, 지역사회의 정책결정자들과의 커뮤니케이션에 효율적이다. 그리고 독자와 근거리에서 자유로운 상호접근을 통해 일방적이 아닌 쌍방적 커뮤니케이션을 실현할 수 있다는 장점을 지니고 있다. 또한 지역신문은 지역운동 기능을 지니고 있는데, 이는 지역사회의 문제를 발굴하여 이슈화함으로써 지역주민들의 관심과 참여를 유도하고 지역주민들의 애향심을 고취하는 것이다. 또한 지역신문은 정보사회에서 소외된 이웃에 대한 관심을 증대시켜 공동사회를 회복하고 기존의 중앙 전국지들이 외면하는 지역의 소외계층 및 소수의 이해관계를 대변하는 대안언론의 기능을 가지고 있다(김영호, 2002, pp. 154-156: 고재석, 2006, p. 29 재인용).

이상에서 고찰한 지역신문의 특성은 다음과 같이 요약할 수 있다. 첫째, 한정된 지역을 대상으로 하며 둘째, 지역문제에 관해 심층적·전문적인 보도를 하며 셋째, 중앙지에 비해 지역주민의 관심이 집중되어 있으며 넷째, 지역주민의 애향심을 고취하며, 다섯째, 소외계층에 대한 대안언론 기능을 한다.

1.2 지역신문의 역할

지역신문은 지역사회 주민들의 역량을 결집하고 유통시키는 정신적 메커니즘일 뿐만 아니라 지방자치제도를 성공적으로 정착시키는 필수 조건이다. 특히, 지역신문은 지방분권화 과정에서 분권이 미흡한 부분과 분권이 필요한 부분, 지역의 자치역량을 강화할 필요가 있는 부분 등에 대한 각종 정보를 수집하여 지역주민들에게 전달하는 공적 커뮤니케이션의 역할을 담당하고 있다.(홍성조, 2011, pp. 9-10).

이규홍(2009)은 지역신문 활성화를 위한 지역신문의 역할을 다음과 같이 일곱 가지로 설명하고 있다. 첫째, 중앙지들이 인지하지 못해 보도하지 못하거나 인지하고도 보도하지 않은 그 지역 뉴스를 상세하게 전달한다. 둘째, 중앙지들이 게재하고 있는 기사 속에 포함되지 못한 그 지역뉴스의 세부사항을 전달해 준다. 셋째, 그 지역 주민들의 장보기를 도와주며 그 지역 상인이나 기업들을 위한 중요한 광고매체가 된다. 넷째, 지역의 복지산업이나 개발계획을 촉진시킨다. 다섯째, 지역사회 의사결정자들에게 공적인 장을 제공함으로써 발전계획을 추진하는데 도움을 준다. 여섯째, 지방행정, 지방선거 등에 주민들의 관심을 유발시키며 행정내용을 개선하고 선거를 효과적으로 치르도록 도와준다. 일곱째, 지역사회 통합기능을 수행하며 그 지역의 이익과 여론을 대변하는 역할을 수행한다.

　　김민남(1996)은 지역언론이 지역사회에서 수행할 수 있는 역할을 다음과 같이 네 가지로 설명하였다. 첫째, 지역언론은 인간의 가장 기본적인 욕구를 충족시킨다. 공동체 의식을 확인시켜주고 지역소속감을 고취시켜 확대된 가족으로서의 연대감을 자극하는 등 1차적인 욕구를 실현시켜주고 있다. 이와 같은 역할은 중앙 일간신문 등에서는 기대하기 어려운 현실이기도 하다. 둘째, 지역언론은 지역사회의 정체성을 확립하고 비전을 제시기도 한다. 지역언론의 반복적인 보도를 통해 지역사회 구성원, 중요 조직 및 단체, 기구 등이 수행하는 바람직한 역할과 과정, 결과가 전달되고 유통되어 이와 같은 역할 수행이 가능해진다. 셋째, 지역주민들의 의견을 대변하고 반영하며 지역사회의 이익을 보호하고 증진시킨다. 지역언론은 지역주민에게 참여의 장을 제공해 지역공동체의 회복과 재발견을 도와준다. 넷째, 지역언론은 지역사회의 문제와 과제를 올바르게 전달하고 그 해결방안을 제시하는데도 최선을 다한다. 이러한 역할은 지역언론만이 수행할 수 있는 역힐이라 볼 수 있다(이주언, 2011, pp. 33-34).

지역의 언론이 언론 매개체로서의 역할을 제대로 수행할 때 지방자치 역시 민주적으로 실현가능하게 된다. 우리가 지방자치제를 시작하고 많은 예산을 투입하였지만 아직 결과가 미흡한 이유는 지역주민들의 여론형성과 참여를 활성화시킬 지역 언론을 제대로 양성하지 못한 결과이다.

지역신문은 우리 사회의 고질적인 지역감정 해소와 지역공동체의 발전에도 중요한 역할을 담당하고 있다. 사실 우리의 지역사회는 편의상 행정구역이 하나로 묶어진 단위일 뿐, 공동의 목표와 이념을 갖고 함께 살아가는 공동체의 기능을 하지 못하고 있다. 광범위한 지역간의 갈등은 물론이고, 같은 지역 내에서도 학연이나 혈연, 지연 등에 따라 파벌이 나뉘어 각자의 이익을 대변하기에 급급한 경우가 대부분이다. 지역사회를 진정한 지역공동체로 변화시키기 위해서는 지역사회의 공익과 공동목표를 위해 지역주민의 여론을 결집하는 지역언론이 절실히 요구된다. (김현신, 2013, pp. 49-50).

한편 지역언론의 역할에 관하여 변봉주는 다음과 같이 정치적, 경제적, 사회적, 문화적 역할 등 네 가지로 구분하여 설명하고 있다(변봉주, 2007, pp. 28-33).

1.2.1 정치적 역할

국민들은 언론을 통해 얻은 정보들을 근거로 자신들의 여론을 형성한다. 또한 언론은 국민으로부터 위임받아 통치주권을 수행하는 정치인들에게 국민여론을 전달한다. 이러한 기능은 지역적 수준에서도 마찬가지이다. 때문에 올바른 지역언론이 없이는 지방자치제의 성공적 정착은 불가능하게 된다.

지역언론은 감시자, 비판자 및 대안 제시자 역할을 해야 한다. 지방화 시대를 맞아 자치단체와 지역 언론기관은 그 지역이 살기 좋고 풍요롭게 되는가에 대한 방법을 강구해야 한다. 즉, 지역언론은 지역주민들의 삶의 질 향상을 위한 방안을 마련해 제시해 주는 역할을 해야 한다. 언론기관은 지방자치단체가 지역정책을 원활하게 수행할 수 있도록 홍보하고 협력해야 할 뿐만 아니라, 한편으로는 지방자치제를 통해 지방정부에게 많은 권한이 위임된 만큼 보다 적극적으로 평가하고 이를 발표해야 한다(박상길, 2003, p. 54).

지역언론은 지방자치시대에 지방의원을 비롯한 지역의 정치지망생들의 정치역량을 강화시키고 훈련시켜주는 역할을 해야 한다. 예를 들어 주민토론회, 주민청원, 조례제정 등 지역에서 주민들의 정치참여가 활성화될 수 있도록 이에 맞는 역할을 담당해야 한다(정하성, 2001, P. 38).

지역언론은 지방자치단체와 지역주민 및 지방의회 사이에서 중재자로서의 역할을 수해해야 한다. 쌍방의 의견을 균형 있게 전달하여 지역적 합의를 도출해야 한다. 특히, 지방자치제가 시행되고 있는 현 시점에서 지역여론의 형성과 수렴을 위해 공론상으로 기능해야 한다. 또한 지방행정과 의정활동에 대한 감시자·비판자·대안제시자로서 지역주민의 여론을 대변하는 등 지역언론의 정치적 역할을 수행하기 위해서 지역언론이 반드시 필요하다.

1.2.2 경제적 역할

지역사회 안에서 경제정보를 정확하고 신속하게 전달해주는 지역언론이 존재하여야 한다. 지역언론은 지역사회의 이익을 대변하여 지역경제를 보호·개발하고 나아가서는 지역사회의 종합적인 발전에 기여해야 한다.

지역언론의 지역경제 발전을 위한 역할들을 다음과 같이 설명할 수 있다(변봉주, 2007, pp. 30-31).

첫째, 독점에 대한 감시와 비판기능을 담당해야한다. 특히 경제에서 독점과 과점의 방지는 공정한 게임의 법칙에 의해 시장기능이 공정하게 작동할 수 있도록 하는 필수적인 요소이다. 따라서 지역사회에서 지역언론의 사명과 공익성은 시장경제원리를 저해하는 독점요소의 제거로 표출되어야 한다. 둘째, 지역발전을 위한 비전이 장기성, 합리성, 효율성 및 공유성 등을 견지할 수 있도록 지속적으로 감시하고 독려하여야 한다. 비전 없는 경제정책은 비효율적이며 임의적이고 단기적이다. 지역발전을 위한 비전과 방향이 설정되었다면 이러한 발전 방향과 비전이 지역민과 공유하고 함께 참여하도록 해야 한다. 장기적 비전을 갖지 못하는 경제정책은 임의적이고 단발적일 수밖에 없기 때문에 이러한 점들을 시정하기 위해서 지역언론은 지역발전의 파수꾼과 견인차 역할을 담당해 주어야 한다.

1.2.3 사회적 역할

지역사회에서 발생하는 사건·사고를 비롯해 지역의 정치인, 기관. 단체장 등 주요 인사들의 동정과 지역주민들의 관심사항 및 지역사회 여론과 태도 등을 파악하고 주시하는 가운데 보도 가치가 있는 내용을 알리는 것은 언론의 고유하고도 당연한 기능이다.

따라서 지역신문은 해당 지역사회에 관심을 갖는 일이 최우선이다. 또한 지역주민들과 밀착된 정보매체로의 기능을 충실히 수행할 때 자신의 지역에 대한 자부심 내지 공동체 의식을 갖게 되는 것이다(박상길, 2003, p. 62).

지역신문은 집단활동을 촉진시키거나 주민들의 자긍심을 고취시킴으로써 지역사회 위험요인들을 도출해 지역사회내 제반 문제점들을 공론화시켜 준다. 또한 주민들의 여론 반영을 통해서 주민들을 지역사회의 구조속으로 통합시키는 한편 지역사회의 발전을 촉진하는 역할을 하고 있다. 따라서 지역신문은 지역의 관심사를 지역주민의 입장에서 보도·해설·논평하는 지역주의(localism)에 충실해야 하며, 스트레이트 기사보다는 심층 취재에 중점을 두고 지역주민의 알권리를 충족시키는 역할을 해야 할 것이다(변봉주, 2007, p. 32).

즉, 지역신문은 지역사회에서 생성되고 소멸되는 각종 뉴스와 정보들을 지역주민에게 신속하고 가감 없이 전달하는 역할을 수행해야 할 것이다.

1.2.4 문화적 역할

지역언론은 지역사회의 일상적인 삶과 관련하여 공통의 사회규범, 가치관 및 집단적 경험 등을 망라하는 지역문화를 창출하고 그것을 지역사회 구성원들 또는 후세들에게 전승 발전시키는 기능을 담당한다. 뿐만 아니라 지역언론은 지역의 역사와 전통, 가치관 등 다양한 지역문화의 요소들을 주민들이 공유할 수 있도록 하는 기능을 수행한다. 지역언론의 이 같은 기능은 지역주민들에게 지역 공통의 문화를 전파하는 것 뿐만 아니라 서로 다른 지역사회들이 지니고 있는 각각의 고유한 문화들을 연결시켜 주는 매개기능까지도 포함한다(류한호, 2005, pp. 63-64).

한편 지역언론은 지역사회의 정치문화 형성에도 중요한 기능을 수행한다. 지역언론은 지역사회의 관습과 전통에 따라 당연하게 받아들여지는 정치의식, 행동양식 등을 전달함으로써 지역주민들 사이의 공통된 정치문화를 형성하고 공유하는 역할을 담당한다(류한호, 2005, p. 64). 지역의 생활과 관습은 장구한 세월동안 그 사회에서 통용되는 전통성에 바탕을 두고 많은 사람들의 행동지침으로 자리잡고 있기 때문에 이러한 규범이 파괴되면 그 지역의 합리적인 사회생활에 혼란을 초래하게 될 것이다(이정춘, 1998, p. 62). 지역언론이 보도기능을 통해서 지역의 규범에 어긋나는 모습을 지적하여 공론화함으로써 통제 기능과 건전한 사회규범을 보급, 확산시키는 기능을 가져야 한다.

즉, 지역언론이 지역사회의 문화적 역할에 충실할 때 그 역할은 더욱 더 빛을 발할 수 있는 것이다.

1.3 지역신문의 기능

지역신문은 지역사회의 주민들이 관심을 가지고 있는 지역적 이슈 전달에 효과적이다. 지역신문은 또 지역사회의 주민대표 및 지도자들과의 의사소통에 효율적이며, 독자들의 자유로운 접근이 가능하게 하여 쌍방적 커뮤니케이션을 실현할 수 있다는 장점이 있다. 이러한 지역신문의 기능은 언론의 역할이나 작용, 활동을 의미하기도 한다(이태열, 2010, pp. 11-12).

강준만(1997)은 지역신문의 기능에 대해 다음과 같이 다섯 가지 기능으로 설명하고 있다. 첫째, 지역운동의 기능이다. 이는 지역주민들의 애향의식을 고취시키고 사회통합에 지장을 초래하는 각종 문제들을 지역 이슈화하여 지역주민의 참여를 유도하는 기능이다. 둘째, 생활서비스 기능이다. 이는 독자들에게 일상과 판련된 직접적인 생활정보, 상품정보 등을 제공하는 기능이다. 셋째, 공동체의식 회복기능이다. 이는 거대화된 매스미디어의 거대 정보에 가려 도외시 당한 우리 고장, 우리 마을에 대한 관심을 다시 불러일으키는 기능으로서 공동사회(Gemeinschaft)로의 회복기능이라고도 말한다. 넷째, 민원중계의 기능이다. 이는 지역주민의 각종 민원을 대변하고 해결방안을 안내해주는 지역정보센터로의 기능을 의미한다. 다섯째, 대안언론의 기능이다. 이는 보수화된 기존의 일간신문들이 외면하는 소외계층과 소수의 이익과 주장을 대변하는 기능을 말한다(김병학, 2009, p. 42). 즉, 지역신문은 지역민의 민주적 의사결정에 기반한 지방자치제를 정착시키기 위해서 지역사회가 당면한 제반 문제에 대한 여론을 조성·수렴·반영하고 지역민의 참여를 유도하는 한편, 지역사회의 고유의 문화를 발굴·육성·전수하며, 지역주민의 정치사회화를 촉진하는 등 지역자립화 및 지역특성화를 돕는 기능을 갖고 있다(최정길, 2005, p. 11).

한편 지역신문은 대형신문들이 취급하지 못하거나 자칫 간과하기 쉬운 문제들을 해당 지역의 문제로 부각시켜 지역사회의 아젠다(agenda)를 형성하고 나아가 이에 대한 해결책을 제시해야 한다. 이 외에도 지역신문은 갈수록 침체일로를 걷고 있는 재래시장 활성화나 지역 내 명문고 유치 등과 같은 현실적인 관심사들에 관하여 지역민들이 직접적으로 체감할 수 있는 각종 대안을 제시하는 기능을 담당해야 한다(김병학, 2009, p. 43).

지역신문은 지역의 특성과 지역주민의 취향과 욕구에 맞추어 지역사회의 문제와 주민의 관심사를 발굴 보도하고 애향심을 고취하는 한편 지역주민의 여론을 수렴하여 대변하고 토론을 통하여 합의를 도출하는 역할을 해야 한다. 따라서 지역신문은 그 지역사회 내부의 조화와 균형을 유지하는데 필요한 지식과 정보를 보도내용으로 하여 지역주민의 관점에서 전달하고 반영하여야 한다. 또한 지역사회의 개발과 발전에 주민의 참여를 유도하고 지역의 숨은 인재들을 발굴 육성하며 고유한 지역문화와 전통 및 역사 등을 발굴해서 정리하고 보도해야 한다. 또한 광범위하고 다양한 해설을 통해 다른 지역에서 일어난 뉴스와 지역사회와의 연관을 상세하게 제시해 줄 수 있는 기능도 강구해야 할 뿐만 아니라 아울러 행정기관에 대한 비판과 감시기능을 강화해야 할 것이다(김현신, 2013, p. 47).

뉴욕 트리뷴(New York Tribune)의 창간자인 H. Greeley가 소규모 지역신문 기자들에게 "보통 사람들에게 가장 큰 관심을 불러일으킬 수 있는 주제는 그 자신에 관한 것이며, 그 다음은 바로 자신의 이웃에 관한 것"이라는 충고는 지역신문의 성격과 지향해야 할 바를 가장 정확하게 제시한 것이라고 할 수 있다(김영호, 1995, p. 193).

라이트(Wright, 1986)에 따르면 언론은 지역사회의 환경감시, 사회화, 사회통합, 오락제공 등의 일반적 기능을 수행한 것으로 평가하였다. 그러나 본 연구에서는 지역신문의 기능을 앞서 고찰한 바를 토대로 환경감시기능·전달 기능·문화전수기능·오락기능·통제기능 등으로 분류하여 고찰하고자 한다.

1.3.1 환경감시기능

환경감시기능은 정치적 측면에서는 정치환경을 감시하거나 경쟁에 따른 열기를 전달하고 투표 결과에 영향을 끼치기도 한다. 그리고 사회적인 측면에서는 위험이나 재해, 전쟁 등을 미리 예고해주는 기능을 수행하고 사회집단에 대해서는 사회구성원의 여론을 수집하거나 형성하고 통제하는 기능을 수행한다.

지역주민들은 지역언론을 통하여 지방자치단체의 활동내용을 알 수 있으며, 지역 언론의 평가를 수용하게 된다. 그러나 이와는 반대로 이러한 언론의 감시는 사회와 구성원들에 대해 역기능도 하기도 한다. 즉, 외부세계의 검증되지 않는 뉴스는 어떠한 사회제도에서나 사회를 혼란스럽거나 위태롭게 할 가능성이 높다. 그리고 외부세계의 위험에 관하여 구체적인 사실 확인이 없는 경고성 보도행위는 때때로 구성원들에게 공포를 야기하기도 한다(김종환, 2010, p. 35).

지역신문은 지역사회의 감시자로서 지방자치단체나 지방의회 등의 과오나 비리를 엄격하게 감시하며 지역발전을 견인해야 한다. 의회가 시시비비를 가리는 과정에서 지역신문은 지방의회와 상호 협조를 통해 지역 행정기관에 대한 감시기능을 충실히 수행해 나가야 한다(유영돈, 2010a, p. 12).

1.3.2 전달기능

언론은 사회에서 일어난 제반 사건, 사고들과 정부의 각종 정책 등과 같은 사실을 객관적으로 전달하는 기능을 담당한다. 여기서 전달의 본질은 언론의 사명에 입각하여 사실을 있는 그대로 전달하는 것이다. 그러나 전달과정에서 객관성을 유지하기는 다소 문제가 있다. 다시 말해서 신문의 편집과정에서 뉴스의 가치와 기자들이 기사를 작성하는 과정에서 개인의 주관이나 성향이 개입함으로 인해 100% 객관적인 전달이라고 보기는 어렵다. 기자 개개인의 주관적인 판단이나 의견이 반영된 보도가 있다면 그것은 언론의 전달기능을 넘어 계도기능이 될 수 있다(이상희·목진자, 1979, p. 41).

지역언론의 전달기능에는 보도, 논평, 정보전달, 여론 및 정부 입장의 대변, 광고, 대안제시, 사회 통합 등이 포함된다. 지역신문은 우선 지역주민의 욕구와 취향에 맞게 지역사회의 문제나 관심사를 심층 보도해야 하며, 전문적인 문제나 행정적인 문제에 대해서도 구독자가 알기 쉽게 그리고 지역적인 관점에서 보도하고 논평하여 지방화시대에 부응하는 뉴스와 정보를 전달한다(김종환, 2010, p. 36).

1.3.3 문화전수기능

문화전수기능은 사회화기능 측면에서 보는 입장으로 개인이 문화를 배우고 규범을 표출시켜 이것이 타인에게 영향을 주게 되는 과정을 말한다. 이러한 사회화는 계획적으로 이루어지는 것으로 개개인이 특별한 지도를 받게 되지만, 때로는 미리 특별한 지도를 받지 않고서도 사회적 규범의 암시를 발견하는 경우에는 자연발생적으로 이루어 지기도 한다(김종환, 2010, p. 37).

즉, 지역언론은 인간의 가장 원초적인 욕구인 호기심과 알권리를 충족시키는 역할을 수행하여 공동체 의식의 확인, 지역소속감의 적극적이고 긴밀한 반영, 우리 의식, 확대된 가족이라는 사고, 연대감의 자극 등 인간의 일차적인 욕구를 지역신문이 실현시켜 주고 있으며 또한 지역사회의 정체성(identity)을 확보하고 비전을 제시한다(Ami, 1995, p. 3; 김종환, 2010, p. 37 재인용).

지역신문은 지역사회가 보유하고 있는 전통적인 문화와 사회적 자원 및 자연적 자원을 관리하고 전승해가도록 그 필요성과 중요성을 지역언론이 강조해야 한다. 미래지향적이고 경쟁력 있는 창조문화를 육성할 수 있도록 여론을 조성하여 분위기를 만들어 가는 기능을 담당하여야 한다 정하성, 2001, p. 39).

지역신문은 지역의 고유한 문화를 보호하고 전수함은 물론 새로운 문화를 개발하는데 일익을 담당해야 한다. 그 이유는 지역 나름대로의 독특한 고유문화가 없을 경우 지역민들의 애향심이나 참여의식을 기대할 수 없기 때문이다(유영돈, 2010a, pp. 12-13).

1.3.4 오락기능

오락기능은 개인적 측면과 대중문화와 매스컴의 기능적 측면으로 구분할 수 있다. 우선 개인적 측면에서는 대중오락의 순기능과 역기능으로 대중문화 평론가들은 대중오락이 연극, 도서 또는 오페라와 같은 형태를 취하지 않은 오락은 역기능이라고 주장한다. 또한 대중문화와 매스컴의 기능적 측면으로는 대중문화가 매스컴의 산물인지 아닌지와 관련이 있다. 현대 매스컴이 대중문화의 성장요인이라는 주장은 주로 미국 사회학계에서 대두된 것으로 동일한 내용을 수용자의 지위에 구별 없이 전달되며, 일방적 전달방식으로 수용자의 참여를 부인하여 수용자를 피동적 존재로 만들며, 사회적 권위를 동원하여 광범위한 설득력을 발휘함으로써 대중문화를 생성시킨다는 것이다(김종환, 2010, pp. 37-38).

즉, 오락기능은 독자들에게 즐거움을 주기 위해 만화, 소설, 스포츠, 연예, 취미 관계 등의 기사를 제공하는 기능을 말한다.

1.3.5 통제기능

언론의 통제기능은 직접적인 통제기능과 간접적인 통제기능으로 구분할 수 있다. 우선 지역신문의 직접적인 통제기능으로는 지방자치단체의 제반 문제가 언론을 통하여 보도되면 해당기관, 상급기관 및 상급 자치단체는 보도내용이 미칠 영향을 파악하기 위해 노력을 한다. 즉, 상급기관은 보도내용에 대해 진상파악을 지시하게 되며, 보도내용이 사실로 확인될 경우 해당 공무원이나 기관에 대한 책임소재를 가리게 된다.

다음으로 간접적인 통제기능으로 지역언론이 광파성·신속성이라는 고유한 능력을 바탕으로 정책이슈를 형성하여 행정기관을 간접적으로 통제하게 된다. 이 밖에도 자치단체의 핵심적 자치기관인 지방의회 의원들의 활동에 있어서도 지역언론이 간접적으로 그들의 활동을 통제하는 기능을 담당하게 된다(김종환, 2010, pp. 38-39).

2. 지역신문의 위상 검토

2.1 외국의 지역신문

외국의 지역신문 사례는 일본을 비롯해 미국, 영국, 독일, 프랑스 등 선진 5개국을 중심으로 고찰하고자 한다. 이들 5개 국가는 일찍이 지역신문에 대한 국가적인 지원제도가 정착되어 있으며, 또한 지역신문이 지역주민과 함께 호흡하는 등 활성화가 이루어진 국가들이다.

2.1.1 일본

일본의 지역신문은 1964년 실시된 지방자치제도로 인해 발전을 할 수 있는 기본 바탕을 확보하였다. 이러한 배경은 지역신문의 이름도 '지역신문'보다는 '로컬신문'이라고 통칭하였고, 지역성을 강조한데서 찾아볼 수 있다. 일본의 지역신문은 초창기에는 지역 언론매체로서의 역할과 봉사보다는 소잡지나 단체의 소식지와 비슷한 성격으로 출발하였다. 현재에는 발행지역이 소읍이나 현 단위가 많음에 따라 로컬신문, 지역신문으로 표현하고 있다(김정길, 1985, pp. 34-118).

일본에서는 지역신문이 전국에서 3000여 개가 넘게 발행되고 있다. 이들 지역신문은 소규모의 제작 시설, 소수의 제작진, 경영의 영세성 등의 특징을 지니고 있다. 그럼에도 불구하고 이들 지역신문들은 ①기사의 신용과 성실성, ②분쟁 당사자의 입장을 다 같이 보도할 것, ③문제에 대한 건설적인 해결방안을 제시할 것, ④폭력과 수뢰 등은 과감히 지적할 것, ⑤밝은 성격의 신문이 되도록 주민들의 일상생활과 가까운 주변 이야기들을 보도할 것 등의 원칙을 철저히 지키고 있다(변동현, 1990, p. 66).

1968년 창간된 濱坂新聞은 1만 9천여 가구에 불과한 소도시에서 발행되는 지역신문이다. 그럼에도 불구하고 발행 부수가 1만3천 부에 달해 70%에 가까운 높은 보급률을 보이고 있다. 이러한 성공 요인으로는 '주민이 참여하는 신문'이라는 철저한 제작 방침 아래 신문을 제작해 왔기 때문이다(신재돈, 2001, p. 18).

매일 7200여만 부 이상 신문을 발행하는 일본은 다른 선진국에 비해 지방지 보다는 중앙지의 비율이 월등이 높은 편이지만[3], 어느 정도 안정되어 있다는 평가를 받고 있다(이규홍, 2010, p. 82).

일본의 지역신문은 단순히 광고나 게재하고 흥미위주의 오락성 기사에 빠져들지 않으려는 노력을 하고 있기 때문에 그 논조나 기사가 지역에 미치는 영향은 매우 큰 것으로 평가되고 있다(권대우, 2009, p. 22).

이와 같이 일본의 지역신문은 주민과 함께 하려는 편집진의 자

---
[3] 2000년 기준으로 중앙지 대 지방지의 비율이 61.5% 대 38.5%를 보였다(이규홍, 2010, p. 82).

세와 탄탄한 정기 구독자, 지역주민들의 신뢰 등에 힘입어 단순한 광고나 게재하고 오락지, 흥미위주의 기사에 빠져들지 않으려는 노력을 하고 있어 그 논조와 기사의 영향력은 상당한 것으로 평가받고 있다.

2.1.2 미국

미국의 지역신문은 철저하리만큼 지역뉴스 위주로 제작한다. 그 이유는 다양한 인종과 계층으로 구성된 즉, 'melting pot'으로 불리우는 미국사회가 언론의 자유를 통해 민주주의를 실천하는 기반을 갖고 있기 때문이다. 이러한 미국의 지역신문은 1950-1960년대 도시가 팽창하면서 교외지역의 인구증가가 그 발전의 토대가 되었다(이상철, 2004, p. 27).

미국의 신문시장은 철저하게 지역위주로 구성되어 있다. 그렇기 때문에 아무리 대형신문이라 하더라도 그 지역 규모를 크게 초월한 거대 신문이 나오기 힘든 것이다. 이러한 미국 신문의 지역성은 다양한 인종과 계층으로 혼재된 미국 사회가 언론의 자유를 통해 민주주의를 실천하면서 경제, 사회적으로 안정된 기반을 갖고 성장하는 발판이 되고 있다(권대우, 2009, pp. 18-19).

미국의 모든 신문들이 지역뉴스를 중요하게 다루지만 지역신문은 더욱 철저하게 지역뉴스 중심으로 신문을 제작한다. 미국 지역신문은 신문기사 뿐만 아니라 신문제작 환경에 있어서도 독자와 아주 긴밀한 관계를 형성하고 있다.

　미국의 지역신문은 free sheet, shopper, penny shopper 등으로 다양하게 불리는데 대부분 무가지 또는 광고 위주의 신문이라는 특성을 잘 나타내 주고 있는 명칭들이다. 이들 지역신문의 편집 성향은 긍정적이고 밝은 일들을 보도하며 지역에 동질감과 일체감을 고취시켜준다(남부현, 1995, p. 56). 미국의 지역신문은 내용면에 있어서 100% 광고만 게재하는 지역신문도 있으나 대체로 25-40%는 일반 지역기사로 채우는 경우가 많다.

　글레드니(Gladdney)에 따르면 미국의 우수 지역신문 종사자들은 우수 지역뉴스 평가항목들을 다음과 같이 강조한다. 지역축제에 관한 뉴스, 지역주민에 대한 지역사회 내의 문제와 갈등의 전달, 지역의 인물의 소개, 지역 내 학교소식의 제공, 지역 공직자에 대한 감시, 독자투고, 지역 내 갈등 공개 및 주민 해결방안의 유도 제시, 정부의 사회복지제도 홍보 등 19개 항목이다. 또한 미국의 지역신문 대부분은 관할지역 내에서 확고부동한 지지기반을 가지고 있을 뿐만 아니라 지역에서 상당한 인기를 누리며 많은 광고주와 독자들을 확보하고 있다. 미국의 지역신문들의 배포지역은 일반 신문들의 세력이 미치지 않는 대도시 교외지역을 대상으로 하고 있다. 따라서 일간지들은 지역신문을 광고를 잠식해가는 경쟁대상으로 지목하고 있으며, 경쟁지역에 있는 지역신문을 아예 사들여 버리거나 다른 지역신문을 발행하여 경쟁시키는 방법도 강구해 나가고 있다. 이러한 지역신문 공략은 각 신문사별로 추진해오다 몇 해 전부터 미국신문 발행인 협회(ANPA)에서는 무료 지역신문에 대응하는 정략대책을 마련하기 위해 연구부까지 설치했을 정도로 지역신문의 세력은 영향력이 강화되고 있는 추세이다. (권대우, 2009, p. 20).

미국언론을 기업에 비유하면 거대화된 몇 개의 재벌기업이 전국의 시장을 독과점하는 우리나라와 달리 수백 개의 중소기업이 시장을 균형있게 나누어 갖고 있는 것과 같다. 미국사회의 다양성과 건강성을 지키는 요인이 바로 철저히 지역화된 미국의 언론이다(장호순, 2001, p. 444). 결론적으로 미국 지역신문들은 자신들이 사는 지역 내의 문제들을 비교적 상세하게 보도함으로써 우리나라와는 달리 공론장 역할을 성실히 수행해 나가고 있다고 할 수 있다(김병학, 2009, p. 51).

이들 미국의 신문들은 정부의 지원보다는 사회적 구조가 지역신문을 발달시켜왔다. 19C 고속도로의 발달과 지방도로망의 확충은 도심 속에 길들여진 생활보다는 쾌적하고 안락한 교외지역으로 이동을 가속화시켰다. 따라서 상가들도 분산이 이루어져 자연스럽게 자신의 생활주변뉴스에 대한 관심이 높아지게 되어 지역신문의 발달을 촉진시켰다. (이규홍, 2010, pp. 77-78).

2.1.3 영국

영국은 잉글랜드, 북이일랜드, 스코틀랜드, 웨일즈 등 전통적으로 독특한 지역성을 갖고 있는 지역연합 국가임에도 불구하고 지역신문의 역사는 중앙지에 비해 비교적 짧은 편이다. 영국신문의 역사는 17세기 초반부터 시작되었는데 런던이나 대도시에 거주하는 소수의 엘리트와 상류층들을 대변하는 신문이 대부분이었다. 영국에서 지역신문이 본격적으로 확산되기 시작한 시기는 1860년대 중반부터 였다(변봉주, 2007, p. 41).

영국의 지역신문들은 대부분 런던과 그 주변지역에 집중되어 있다. 1981년에는 이들 신문까지 무료신문협회(AFN)를 창설, 월간협회지까지 만들어 무료 지역신문의 경영과 실무에 관한 정보를 교환하는 한편 광고 판매기술 강좌 등 정규교육까지 실시하는 방향으로 발전하고 있다. (신재돈, 2001, pp. 23-24).

1980년대 까지만 하더라도 영국에서 지역신문은 2류 신문으로 취급받아 왔다. 그러나 지역신문의 꾸준한 투자와 유능한 인재 등용으로 지역뉴스를 전달하는데 있어 가장 경쟁력있는 매체로 부상하였고, 다수의 지역주민들을 정기구독자로 확보했다. 영국의 지역신문들 중 특히 무가지는 외형적인 성장은 이루었으나, 지나치게 기업경영적인 측면에 몰입되어 언론으로서의 기능을 제대로 발휘하지 못한다는 비난을 받기도 했다. 전국지에 비해 광고지면이 많은 지역신문은 다양하고 심층적인 지역뉴스를 제공하지 못한다는 것이었다. 그러나 1990년대 이후 대기업의 재정적 투자를 바탕으로 양질의 뉴스를 제공하면서 영국의 지역신문은 전국지를 능가하는 영향력을 갖게 되었다(장호순, 2001, p.

250).

1836년에 창립된 영국의 지역신문협회(Newspaper Society)에는 현재 영국 지역신문의 99% 정도가 회원으로 가입해 있다. 지역신문협회 상근직원들은 지역언론에 관한 정부의 정책수립과정에 지역언론사들을 대변하고, 광고매체로서 지역신문의 효용성을 홍보하며, 지역신문 관련 소송에 대한 법적 구조와 신문경영에 대한 자문을 해주고 있다(변봉주, 2007, p. 46).

1980년대부터 무가의 주간신문들이 본격적으로 발행되면서 100%에 가까운 지역독자들로 인해 광고효과가 매우 높아 경영면에서 높은 수익을 창출하고 있다. 1,232개의 영국 지역신문 가운데 704개가 무료로 가정에 배포되는 무가지이고, 528개가 유가지이다(이태열, 2010, p. 20).

현재 지역신문은 독자수와 광고비 매출액에 있어서 전국지를 능가하고 있는데, 1995년 이후 전국지는 발행부수가 2.4% 감소한 반면, 지역신문은 발행부수가 0.3% 증가하는 현상을 보이고 있다(이규홍, 2010, p. 81).

2.1.4 독일

독일의 지역일간신문 배포지역의 가독 인구 80%가 지역신문을 구독하고 있으며, 독자의 80%가 "TV와 라디오는 포기할 수 있어도 신문은 포기할 수 없다"고 할 정도로 지역신문의 역할은 지배적이다. 대부분의 대도시, 중소도시 또는 인구 1,000명 정도의 지역까지 한 개 이상의 신문이 있으며, 독자들이 가장 관심있게 읽는 신문기사도 역시 지역관련 기사이다. 지방지가 이토록 활성화된 데에는 독일의 언론조정정책이 중요한 역할을 한다(이규홍, 2010, p. 80). 독일의 지역신문들은 명칭을 무료광고신문(Anzeigen Blatter)이라고 하듯 대부분의 신문들이 광고 중심의 무가지들이다. 각 시·도별로 그룹화 된 광고신문 발행사가 도시 구역별로 배포지역을 정해 보급하고 있는 것이 특색이며, 주로 목요일에 발행, 일반 일간지들과 광고 유치상의 마찰을 최대한 줄이고 있으며, 배달체계는 우편배달이 아닌 직접 가정배달 체제를 이용하고 있다. 광고내용으로는 주로 식료품, 의류, 구두 등의 생필품과 주류광고가 다수를 차지하고 있다. 그리고 가장 두드러진 특색은 중고자동차 매매시장 정보가 다른 국가들의 지역신문 광고와는 달리 방대한 양을 차지하고 있다는 점이다. 또한 주택광고가 의외로 활성화 되어있어 뮌헨같은 대도시일수록 임대광고 비율이 높은 것이 신문광고의 특색이다(권대우, 2009, pp. 22-23).

독일의 지역신문들도 철저하게 지역 중심적이다. 전국지라 이름 붙일 수 있는 신문이 '웨스트도이체 알게마이네 자이퉁'(Westdeutsche Allgemeine Zeitung), '슈드도이체 자이퉁'(Süddeutsche Zeitung) '프랑크푸루터 알게마이네 자이퉁'(Frankfruter Allgemeine Zeitung)', '디 벨트(Die Welt)'등 4개정도이고 나머지 1,200여 개 신문들 모두가 지역신문이다. 이 같은 독일신문의 구조적 특징은 첫째, 신문수가 매우 많으며, 대부분의 일간지는 지역지에 속한다. 둘째, 전국지의 취약점을 보완해 주는 정기간행물이 많다. 셋째, 광고의 의존도가 높아짐에 따라 신문경영에 주로 경제적인 측면이 고려되고 있다(김중배, 2001, p. 102).

독일 지역신문의 특징은 공동편집체계의 개발과 유지이다. 지역신문의 대다수는 몇 개의 신문사가 공동편집팀을 운영하여 정치, 문화 등 공통의 정보내용을 동일하게 게재하고 그 밖의 일부 지면만을 각각의 신문사와 별도로 제작하는 형태를 취하고 있다(한국언론재단, 1990, p. 157). 발행부수는 대부분 제호 밑에 정확하게 공개하고 부수에 따라 광고단가를 차등제로 책정해 광고효과와 부수와의 관계를 정확하게 밝히고 있다는 점이다(변봉주, 2007, p. 47).

한편 독일의 언론재벌들은 서로 앞 다투어 타블로이드판 신문[4]을 창간하고 있다. 베를린 근교에 위치한 소도시 코트부스(Cottbus)는 독일에 있는 슬라브계 소수 민족인 조르베(Sorbe) 인의 수도로 평범한 산업도시이다. 그러나 최근 코트부스에서 발행되는 일간신문인 '라우지처 룬트샤우(Rausitzer Rundschau)'가 타블로이드 일간신문을 발행하면서 독일신문의 새로운 미래가 실험되고 있다. 독일의 신문들은 또 적사경영과 독자감소에

---

4 보통 신문의 1/2 크기 신문으로, 1903년 영국에서 창간된 「데일리 미러」, 1919년에 창간된 미국의 「뉴욕데일리 뉴스」가 대표적이다(매일경제 용어사전).

따른 위기를 맞아 2004년부터 강도 높은 구조조정과 새로운 사업 전략 모색에 들어갔다. 대부분의 언론기업들은 2002년과 2003년에 강도 높은 군살빼기를 시도하면서 지방판과 지역신문을 연달아 폐간했다. 또한 편집 인력을 대부분 절반 이하로 감축했으며, 경영수지 개선을 위해 부가서비스를 확대하기도 했다. 실제로 '슈드도이체 자이퉁(Sueddeutsche Zeitung)'이 'SZ 도서관 : 20세기의 50대 소설'을 주말판 부록으로 발행하여 권당 4.95유로에 판매하기 시작한 이후로 '프랑크푸르터 알게마이네(Frankfruter Allgemeine)'는 '20세기 오페라 명곡 DVD 20선'을 출판했으며, '디 벨트(Die Welt)'는 '세계역사 스페셜 DVD 10선'을 각각 신문 부록으로 판매하고 있다. 전문일간지들이 도서출판과 DVD 등을 신문 부록으로 판매할 때 지방일간지들은 초고속 인터넷서비스 제공과 휴대폰 서비스, 지역문화행사 광고대행과 입장권 발매를 전담으로 하고 있다(심영섭, 2004, p. 67).

2.1.5 프랑스

프랑스는 민주주의를 유지하기 위하여 사회의 다양한 의견들을 존중하고 신문의 다양성을 보장할 필요가 있다는 판단에 따라 신문산업에 대한 다양한 형태의 직·간접적 지원제도를 운영하고 있다. 신문산업 지원제도의 3대법 즉, 1881년 언론자유에 관한 법률, 1944년 8월 26일자 프랑스 신문조직에 관한 명령 및 1986

년 신문법은 모두 '공공서비스로서의 신문'이라는 개념을 헌법적 가치를 가진 것으로 인정하고 있으며, 신문시장에 대한 국가개입을 정당화하고 있다(이태열, 2010, p. 21).

프랑스의 신문산업 지원제도는 직접지원제도와 간접지원제도로 구분된다. 직접지원제도는 신문기업에 대한 보조금 지원을 위주로 하고, 간접지원제도는 운송 및 보급체계 지원, 우편 및 통신요금 할인, 부가가치세율 혜택 등 간접적으로 신문에 도움을 줄 수 있는 것을 위주로 하고 있다. 이러한 지원제도의 80% 이상이 간접지원제도에 의한 지원으로 이루어지고 있다(이규홍, 2010, p. 75).

프랑스 신문지원제도의 책임기구는 DDM으로 총리실 산하 각종 미디어관련 정책을 총괄하는 기구이다. DDM 산하 간접지원제도를 관리하기 위한 실무기구인 CPPAP가 프랑스 내 모든 정기간행물 신고사항에 관한 정보에서 언론사별 지원 내역 현황에 이르기 까지 모든 정보를 관할한다(이태열, 2010, pp. 21-22).

CPPAP를 통해 간접지원 되는 내용은 첫째, 우편 및 전신요금에 대한 지원으로 우편요금의 28%만 언론사가 부담하고 나머지 72%는 국가가 부담하고 있다. 이와 동일한 형태로 전화, 팩스, 인터넷 등 각종 통신요금에 대한 혜택을 받는다. 둘째, 조세감면 혜택으로 국가가 언론사로부터 징수해야 할 세금의 일부 또는 전부를 면제해 주는 방법이다. 이 가운데 가장 큰 혜택이 부가가치세율의 낮은 적용인데 프랑스의 일반적인 부가가치세율 적용은

19.6%인데 반해 신문에는 2.1%를 적용하고 있으며, 잡지에는 5.5%의 부가가치세율이 적용되는 등 상당한 지원을 받는다.

다음으로 직접지원제도로서 신문시장의 다양성을 보호하기 위한 기금이다. 이 기금은 광고시장이 대단히 열악해 신문시장 내에서 독자적으로 생존하는데 어려움을 겪는 신문들을 지원하기 위한 것이다. 이 기금은 종합 및 정치적 성격의 지역일간지와 전국일간지 중 광고수입이 미약한 신문을 지원하는 것으로 구분된다.

한편 프랑스의 지역신문은 무가의 광고전문 주간지가 대부분인데 무가지가 첫 선을 보인 것은 1963년 르망지방의 한 신부가 교구민의 동정과 중고제품의 교환을 위한 벼룩시장 광고를 등사로 인쇄해서 매주 일요일에 배포한 Carillon이라는 이름의 리플렛 형식의 것이었다.

그동안 무가지 발행인 연합회가 편집기술을 강화하고 신문용지도 고급화하며 신문 내용의 질적 향상에 많은 노력과 예산을 투입하는 등 이미지의 제고에 나서고, 지역사회의 단순한 선전, 광고지로서의 역할을 넘어 지역사회 행정공보, 산업, 관광·환경·문화 관련 정보 전달매체로서 자리매김하며 그 위상을 높여가고 있다(신재돈, 2001, p. 23).

2.1.6 시사점

이상과 같이 외국의 지역신문 사례에서 고찰한 바와 같이 각 국의 신문지원제도는 신문산업이 처한 상황이나, 정치, 문화적 환경에 따라 상이한 특징을 지니고 있음을 인식할 수 있다.

우리나라의 경우도 이전부터 프랑스의 경우처럼 부가가치세 면제나 언론인 소득세 감면, 우편요금 및 철도운송요금 할인, 언론인 교육지원 등 간접지원을 해오다가 2004년에 '지역신문발전지원특별법'에 의해 보조금을 지원하는 선별지원방식도 추가하여 포괄적으로 지원해 오고 있다.

외국의 지원제도 기준이 대체로 단순하여 발행부수, 발행 횟수, 광고시장에서의 지위, 유료부수 비율 등에서 일정한 수준의 조건을 만족시키기만 하면 자동적으로 지원받을 수 있도록 하고 있지만, 우리나라의 경우는 지원기준이 매우 복잡하여 지원담당기구가 대상선정과 관련하여 자의적 평가나 판단을 내릴 수 있는 여지를 남겨놓고 있다(이태열, 2010, p. 23).

이러한 가운데 최근 지역신문발전지원 특별법의 시효가 6년 연장됐다. 국회는 지난 12월 31일 본회의를 열고 윤관석 의원(더불어민주당)이 대표발의한 '지역신문발전지원특별법(이하 특별법)' 개정안을 통과시켰다. 이번 개정안은 지역신문발전위원회 위원에 지역신문에서 15년 이상 종사 후 퇴직한 지 3년이 지난 인사 2명을 포함하도록 하고, 법안의 일몰을 6년(2022년 12월) 연장하는 것을 주요 내용으로 하고 있다. 지역균형발전과 여론 다양성 확보 등을 위해 제정된 특별법의 시효가 연장됨에 따라 지역신문발전위원회는 지역신문의 기획취재 지원과 지역 언론인을 대상으로 한 연수 교육사업, 스마트 인프라 등의 각종 지원책도 현행과 같이 유지된다. 지역신문발전위원회는 매년 엄격한 심사를 통해 우선지원 대상 신문사를 선정하고 있다. 이번 개정안 통과는 지역신문의 발전을 위한 안정적 지원과 더불어 제도 개선을 위한 시간도 확보했다는 의미를 갖는다(경북일보, 2016. 1. 4).

다음은 각 국가의 지역신문들의 특징과 정책을 간략하게 요약하면 다음과 같이 설명할 수 있다.

첫째, 일본의 지역신문은 논조나 기사가 지역에 미치는 영향이 매우 크기 때문에 어느 정도 안정되었다는 평가를 받고 있다. 둘째, 미국의 경우는 철저하리만큼 지역뉴스 위주로 제작하고 있으며, 또한 일반신문들의 세력이 미치지 않는 대도시 교외지역을 대상으로 배포함으로써 차별화를 기하고 있다. 셋째, 영국의 경우는 지역신문의 꾸준한 투자와 우수한 인재등용으로 경쟁력을 확보하고 있으며, 이러한 노력으로 인해 지역신문의 독자수와 광고비 매출액이 전국지를 능가하고 있다. 넷째, 독일의 경우 공동편집체제를 운영하여 경비를 절감하고 있고, 아울러 지역신문의 부가서비스를 확대시켜 자생력을 제고하고 있다. 다섯째, 프랑스의 경우는 신문산업에 대한 직·간접지원제도의 정착으로 지역사회 행정공보, 산업, 관광·환경·문화 관련 정보 전달매체로 자리매김하며 그 위상을 높여가고 있다.

이 같은 점들은 결국 우리나라 지역신문의 발전방향을 제시해 준다고 할 수 있는데, 지역신문이 생존하고 발전하기 위해서는

"지역속에서 지역주민과 함께 하는 지역신문"이 되도록 노력해야 함을 의미한다. 현 시점에서 지역신문의 활성화를 위해서는 영국의 사례처럼 우수한 인재등용으로 지역신문의 경쟁력을 확보해야 하며, 아울러 동일한 구역 내에 있는 지역신문들이 독일의 경우처럼 공동편집제를 운영하여 경비를 절감하는 방안도 고려해 볼 수 있다.

2.2 한국 지역신문의 현황

2.2.1 신문산업의 분류 체계와 등록 실태

「신문법」[5]은 '인터넷뉴스서비스'를 포함하고 있지만, 「신문법」이 규정하는 '신문'은 종이신문과 인터넷신문으로 대별된다. 한국언론진흥재단(2014)에서 발행한 '2014 신문산업 실태조사'에서는 신문종류를 크게 종이신문과 인터넷신문으로 구분한 후 다음과 같이 세분화하였다(한국언론진흥재단, 2014, pp. 20-21).

첫째, 신문은 발행주기에 따라서 일간신문과 주간신문으로 구

---

[5] 신문 등의 자유와 기능 보장에 관한 법률을 줄여서 '신문법'이라고 부른다. 1987년 말 언론기본법 대신 제정된 '정기간행물의 등록 등에 관한 법률(정간법)'을 전면 개정해 만든 법으로, 2005년 1월 27일 법률 제7369호로 개정된 뒤, 같은 해 7월 28일부터 시행되었다. 신문 등 정기간행물 발행의 자유와 독립을 보장, 언론의 자유 신장과 민주적인 여론 형성 및 국민의 복지증진, 언론의 건전한 발전과 녹자의 권익보호 등의 이바지를 목적으로 한다(http://100.daum.net/encyclopedia/view/31XXXXXX9512).

분할 수 있다. 현재의 신문 환경을 고려해 볼 때, 일간신문은 전국종합일간·지역종합일간·경제일간·스포츠일간·외국어일간·기타전문일간·무료일간 등으로 구분할 수 있다. 또 주간신문은 전국종합주간·지역종합주간·전문주간신문으로 구분되고 있다.

둘째, 인터넷신문은 생산하는 뉴스 콘텐츠의 특성에 따라 인터넷종합신문·인터넷지역신문·인터넷전문신문 등으로 구별해 볼 수 있다.

셋째, 전국종합일간은 전국의 정치·경제·사회·문화 등에 관한 보도·논평 및 여론 등을 전파하기 위하여 매일 발행해 전국에 배포하는 종이신문이며, 전국종합일간Ⅰ과 전국종합일간Ⅱ로 구분하였다. 전국종합일간신문 Ⅰ·Ⅱ의 구분[6]은 10년 이상 발행하고 있고 금융감독원의 전자공시시스템에 재무현황을 공시하는가에 따라 분류되며 안정적인 경영정보를 제공하고 있는 신문사인가를 판단하는 기준이 된다.

---

6 전국종합일간지 Ⅰ과 Ⅱ 분류기준은 다음과 같다. 아래 ①번 충족시 '전국종합일간'으로 보았으며, 아래 3가지 조건 모두 충족시 '전국종합일간Ⅰ'로, 일부 충족시 '전국종합일간Ⅱ'로 분류한다. ①문화체육관광부가 제공한 '정기간행물 목록'에서 종별 '일반 일간신문', 간별 '일간' 성격별 '종합혹은 '종합일간'으로 등록돼있으며 보급지역이 '전국'인 신문 ②10년 이상 안정적으로 발행된 신문 ③일정규모 이상 되는 신문(금융감독원 공시 기준)

〈표 II-1〉 신문산업 분류체계

대분류	중분류	소분류	
1. 신문	1.1. 일간신문	1.1.1. 전국종합일간신문	전국종합일간 I
			전국종합일간 II
		1.1.2. 지역종합일간신문	
		1.1.3. 경제일간신문	
		1.1.4. 스포츠일간신문	
		1.1.5. 외국어일간신문	
		1.1.6. 기타전문일간신문	
		1.1.7. 무료일간신문	
	1.2. 주간신문	1.2.1. 전국종합주간신문	
		1.2.2. 지역종합주간신문	
		1.2.3. 전문주간신문	
2. 인터넷신문	2.1. 인터넷신문	2.1.1. 인터넷종합신문	
		2.2.1. 인터넷지역신문	
		2.3.1. 인터넷전문신문	

* 출처 : 한국언론진흥재단.. 2014 신문산업 실태 조사. 2014. p. 21.

참고적으로 정기간행물 등록 현황을 보면 〈표 II-2〉와 같다. 2012년에서 2013년에 크게 증가한 것으로 나타나는데, 2013년에 16,041개로 전년 대비 11.01% 증가한 것으로 나타났다. 이 가운데 인터넷신문이 가장 높은 증가율을 보였으며, 주간, 월간, 계간지 등도 소폭 상승한 것으로 나타났다.

〈표 II-2〉 최근 3년간 정기간행물 등록 현황 (단위: 개)

항 목	2012년	2013년	2014년
일간신문	324	363	374
통신	14	15	18
기타일간	369	353	360
주간	3,014	3,138	3,289
월간	4,512	4,696	4,905
격월간	611	646	665
계간	1,354	1,408	1,495
연간(연2회 포함)	451	506	551
인터넷신문	3,914	4,916	5,950
계	14,563	16,041	17,607

* 출처 : 한국언론진흥재단.. 2014 신문산업 실태 조사. 2014. p. 22.

이와 더불어 지역신문의 등록도 연차적으로 증가하고 있는 실정이다. 1964년 3개사가 등록을 시작한 이후 지역신문은 해를 거듭할수록 등록회사가 증가하고 있다. 특히, 지방자치가 부활하던 시기인 1989년도의 경우 52개사가 등록하여 지방자치 부활에 커다란 관심을 가지기 시작하였다. 지역신문 연도별 현황은 1964년 3개사, 1988년 8개사, 1990년 18개사, 1995년 40개사, 1997년 35개사, 2000년 47개사, 2002년 65개사, 2004년 107개사, 2005년 714개사, 2015년 1,055개사가 등록되었다.

2.2.2 지역신문 현황

지역별 지역종합일간·주간지 수를 조사한 것은 〈표 Ⅱ-3〉과 같다. 〈표 Ⅱ-3〉에서 보는 바와 같이 전국을 대상으로 하는 전국종합지와 달리 지역을 대상으로 하는 지역신문의 특성상 지역별로 발행되기 때문에 그 수에 차이가 존재하는 것은 당연하지만 고루 분포되지 않고 지역별로 편차가 크다는 것을 알 수 있다.

지역신문의 개체수를 지역별로 살펴보면 종합일간지와 종합주간지를 합쳐 가장 적은 곳으로 제주가 4개로 나타났으며, 가장 높은 곳은 경기가 119개로 집계되었다(김정기·김동규, 2012, p. 68).

<표 II-3> 지역별 지역종합일간·주간지 수 (단위: 개)

구 분	계	지역종합일간지 수	지역종합주간지 수
서 울	80	7	73
부 산	5	2	3
대 구	7	4	3
인 천	10	5	5
광 주	21	17	4
대 전	8	8	-
울 산	9	5	4
경 기	119	17	102
강 원	15	2	13
충 북	27	6	21
충 남	32	-	32
전 북	36	13	23
전 남	53	1	52
경 북	48	4	44
경 남	49	8	41
제 주	4	3	1
계	523	91	432

* 출처 : 김정기·김동규. 지역신문 경영개선을 위한 환경분석 및 전략개발 연: 2012. p. 68 재구성.

이러한 지역신문의 분포의 불균형과 더불어 지역신문사의 운영규모도 커다란 차이가 있음을 보이고 있다. 지역신문의 인적 규모를 분석한 것은 <표 II-4>와 같다.

<표 II-4>에서 보는 바와 같이 지역 종합일간지의 경우 10~19인이 43개사로 가장 많았으며, 50~59인이 33개사, 100인 이상이 16개사, 5~9인이 8개사로 집계되었으며, 종사자 수가 1-4인인 신문사도 2개사로 나타났다. 지역 종합주간지는 5~9인이 188개사, 1~4인이 177개사로 가장 많았으며, 10~49인이 56개사로 집계되었다. 이 같은 결과 지역종합 주간지의 종사자는 대부분이 49인 미만으로 인석규보가 영세성을 면치 못하고 있음을 알 수 있다.

<표 Ⅱ-4> 지역종합일간·주간지 수   (단위: 개)

구 분	1~4인	5~9인	10~49인	50~59인	100인 이상
지역종합 일간지	2	8	43	33	16
지역종합 주간지	177	188	56	3	-
계	179	196	99	36	16

* 출처 : 김정기·김동규. 지역신문 경영개선을 위한 환경분석 및 전략개발 연구. 2012. pp. 69-70 재구성.

규모의 영세성은 또 자본금 규모에서도 나타나게 되는데,〈표 Ⅱ-5〉에서 보는 바와 같이 지역 종합일간지는 100억 이상이 29.1%, 1억 미만이 25%, 1~10억 미만과 10~100억 미만이 모두 24.4%로 집계되었다. 지역종합 주간지는 1억 미만이 44.1%로 가장 많았으며, 10~100억 미만이 1.3%로 집계되었다.

<표 Ⅱ-5> 지역별 지역종합일간·주간지 자본금 규모 (단위: %)

구 분	1억 미만	1~10억 미만	10~100억 미만	100억 이상	기타
지역종합 주간지	44.1	20.1	1.3	-	34.4
지역종합 일간지	25	24.4	24.4	29.1	-

* 출처 : 김정기·김동규. 지역신문 경영개선을 위한 환경분석 및 전략개발 연구. 2012. p. 71 재구성.

지역신문의 매출현황도 지역신문의 영세성을 입증하는 지표가 된다. 〈표 Ⅱ-6〉에서 보는 바와 같이 지역신문의 매출액 현황을 살펴보면 경기가 전체의 22.97%로 가장 높게 나타났으며, 다음으로 서울 14.99%, 충남 11.31%, 경남 10.39%로 나타났다. 반면 가장 낮은 지역으로는 대구 0.99%, 대전 1.38%, 광주 1.47%, 인

천 1.63% 순으로 나타나 지역간에 커다란 편차를 보이고 있음을 인식할 수 있다.

매출액이 가장 큰 경기도의 경우 지역종합주간지의 총 매출액이 18,492백만 원이다. 이를 경기도내 지역종합주간지의 수 102로 나누어 보면 평균 매출액은 약 181.29백만 원이다. 즉 평균적인 매출액은 1억8천백만 원에 불과하다. 같은 방법으로 서울을 분석하면 지역종합주간지의 평균 매출액은 171.5백만 원으로서 지역신문의 영세성을 잘 보여주고 있다.

〈표 II-6〉지역별 지역 종합주간지·인터넷 지역신문 매출액 현황 (단위: 백만 원)

구 분	지역 종합주간지	인터넷 지역신문	합 계	비율 (%)
서 울	12,520	1,954	14,474	14.99
부 산	521	2,518	3,039	3.15
대 구	433	529	962	0.99
인 천	983	586	1,569	1.63
광 주	1,025	394	1,419	1.47
대 전	381	946	1,327	1.38
울 산	1,398	601	1,999	2.07
경 기	18,492	3,676	22,168	22.97
강 원	2,243	978	3,221	3.34
충 북	3,523	564	4,087	4.23
충 남	9,783	1,131	10,914	11.31
전 북	3,398	388	3,786	3.92
전 남	6,880	858	7,738	8.01
경 북	4,884	2,753	7,637	7.91
경 남	6,633	3,394	10,027	10.39
제 주	382	1,748	2,138	2.21
합 계	73,478	23,018	96,496	100

* 출처 : 한국언론진흥재단. 2014 신문산업 실태조사. pp. 72-73 재구성.

2.3 한국 지역신문의 장애요인과 대응전략

지역신문이 당면하고 있는 문제점은 많지만 공통적인 문제점으로 대두되고 있는 것은 ①지역신문의 자본과 재정의 어려움, ②지역신문의 난립으로 인한 동종 지역신문의 경쟁, ③기사게재에 있어서 법적인 제약, ④광고시장의 미개발과 과당경쟁, ⑤경영의 부조리, ⑥지역 공공기관의 인식미흡 등을 지적하고 있다(류한호, 2005, pp. 201-214; 유병관, 1997, pp. 43-48).

본 연구에서는 변봉주(2007, pp. 96-100)의 연구를 토대로 지역신문의 발전에 장애가 되는 요인들을 정치적, 재정적, 사회적, 문화적 요인으로 구분하여 고찰하고자 한다.

2.3.1 정치적 요인

이제까지 정부정책은 언론에 대한 통제에 초점이 맞추어져 있었다. 그 결과 지역주민들에게 서비스하고, 지역의 다양한 정보 및 의견의 유통경로로서의 지역신문의 기능을 방기하는 경향이 형성되었다(류한호, 2005, pp. 202-203).

정치권력의 과도한 중앙 집중은 전국적인 영향력을 가지고 있어 뉴스의 가치가 높을 수 밖에 없다. 지역정부나 지역기업체가 지역에 미치는 영향력보다 중앙의 정치권력이 지역에 미치는 영향력이 더 큰 한국의 현실에서 지역뉴스는 중앙뉴스에 비해 뉴스

가치가 낮을 수 밖에 없다(조원일, 2008, p. 17).

지방자치제 부활과 지방의회의원선거 실시 등 정치, 사회적 변화의 영향으로 전국 각 지역에서 지역신문들이 창간러시를 이루었던 1991년 당시 「정기간행물의등록등에관한 법률」(이하 정간법)은 지역 주간신문들의 정치관련 보도를 사실상 봉쇄하고 있었다.

지역신문이 정치관련 보도를 하기위해서는 일반주간으로 등록해야 했으며, 이를 위해서는 정간법 제 7조 3항에 따라 타블로이드 2배판 4면 기준의 신문지를 시간당 2만부 이상 인쇄할 수 있는 윤전기와 대통령령으로 정하는 부수 인쇄시설을 갖추도록 하고 있었다.

이처럼 사실상 지역신문의 정치관련 보도를 제한하는 법률을 4년여 유지해 오다가 1995년 12월 30일 「정기간행물등의등록에관한법률」이 「신문 등의 진흥에 관한 법률」(법률 제5154호)로 변경되고 일부 조항이 개정되면서 일반주간신문의 '윤전기와 대통령령으로 정하는 부수 인쇄시설'을 갖추도록 하는 조항이 삭제되어 지역신문들의 정치 관련 보도를 차단했던 장벽이 제거되었다.

그러나 지난 2016년 2월 3일 법률 제13968호로 개정된 「신문 등의 진흥에 관한 법률」(이하 신문법)도 지역신문이 정치관련 보도를 하기 위해서는 신문의 종류를 일반주간으로 등록해야 하며, 일반주간으로 등록하기 위한 조건으로 신청인이 '법인'이어야 한다는 내용을 포함하고 있다.

명실상부한 지방자치제가 실시되고 있는 현실에서 지역신문이

해당지역 정치에 대해 보도나 논평을 자유롭게 하지 못하고, 열악한 재정여건 속에서 법인설립을 전제조건으로 하고 있는 신문법은 지방자치시대에 지역신문의 발전을 저해하는 장애요인으로 지적되고 있다.

2.3.2 재정적 요인

1997년 IMF로 인한 국내경기는 가파른 하향곡선을 그리기 시작했으며, 급기야 경제의 모든 부분이 침체되기 시작됐다. 언론산업도 예외일 수 없었으며, 그러한 정도는 시간이 지날수록 더욱 심해지고 있는 실정이다. 특히 소규모로 발행되고 있는 주간 지역신문의 경우 지방일간지나 정보지들과의 사이에서 최악의 재정상태에 놓여 있으며 흑자 운영을 하고 있는 주간 지역신문은 거의 없는 것이 오늘의 현실이다(김병학, 2009, p. 47).

한편 지역신문의 재정적 문제는 지역신문 소유주의 문제로 볼 수 있다. 낮은 보수와 높은 노동 강도는 지역 언론인에게 올바른 언론행위를 수행하기 위한 조건을 제공하지 못하고 있다.

상품 및 매체 구매력이 높은 중상층이 과도하게 중앙에 집중되어 있는 현실에서, 분산되고 구매력이 낮은 지역 독자들의 시장은 광고주들에게 매력적인 시장이 되지 못하고 있다. 여론형성과 광고효과 및 기업PR 등에 유리하고, 여론 주도력이 높은 중앙언론에 광고가 집중될 수 밖에 없다. 전국지의 무차별적인 지역시장의 침탈이 지역언론을 위협하고 있다. 협소한 독자시장, 지역뉴스의 낮은 뉴스가치 등 전국지와 경쟁구조 관계에서 우위에 있는 요소는 거의 없다(조원일, 2008, pp. 18-19).

따라서 지역신문은 생존을 위해서 보도내용보다는 광고수주에 더 많은 역량을 할애할 수밖에 없기 때문에 기사의 내용과 수준이 부실해질 가능성이 상대적으로 높다.

2.3.3 사회적 요인

지역신문에 대해 지역주민과 관공서 등의 인식 부족으로 지역언론 활동에 제약을 받고 있다. 지역신문의 반석은 지역주민이다. 독자 없는 신문을 상상할 수 없듯이 지역주민들의 관심과 애정 없는 지역신문은 존재할 수 없는 것이 현실이다. 지역에 위치한 각급 기관이나 단체, 주민들이 지역신문의 기능과 역할, 위상 등에 대하여 지나칠 정도로 무지하거나 무관심 또는 외면하는 경우가 많다. 각종 이유들로 인해 지방자치단체나 지방의회 등이 언론사와 우호적 관계를 정립하지 못한 채 갈등을 겪는 사례도 빈번하여 그 여파가 지역신문의 업무, 취재 등에도 영향을 준다는 점은 지역신문 발전에 커다란 장애요인으로 작용하고 있다(변봉주, 2007, pp. 98-99).

한편 일부 지역에서는 부동산, 건설업, 유통업 등으로 자본을 축적한 지역의 토호세력들이 신문사 소유를 통해 자신의 권력을 확장하고 있다. 언론사 소유를 통해서 지역세도가로서의 위상을 높이고, 언론 권력을 활용하여 자신의 기업활동을 보호하거나 이권에 개입함으로써 신문사를 언론외적 수단으로 활용하고 있기도 하다(이태열, 2010, p. 31). 이 같은 점들은 결국 지역신문의 발전을 저해하는 요인으로 작용하고 있으며, 지역주민들로부터 외면당하는 지역신문으로 전락하게 되었다.

또한 지역신문은 중앙의 일간지와는 달리 기자들을 채용함에 있어서 공개채용보다는 발행인이나 신문사 내 특정인과의 관계로 인해 채용을 하는 경우가 많기 때문에 기자들의 질적 수준이 문제화되어 지역민들로부터 기자라는 존재가치를 인정받지 못하는 것 또한 지역신문들이 해결해 나가야 할 과제이기도 하다(김병학, 2009, p. 44).

이 밖에도 일부 지역신문은 재정적인 어려움을 해결하고자 신문기사의 질 향상 보다는 광고수주에 치중하거나, 기자를 채용하면서 신문부수 할당제, 신문판매 및 광고료 나눠먹기 방식을 도입하는 등 결국 지역신문의 위상을 저하시키고 있으며, 이로 인해 지역주민들로부터 인정받지 못하고 외면당하는 지역신문의 부정적인 이미지를 심어주고 있다.

2.3.4 문화적 요인

지역문화는 그 지역의 정체성과 특성을 담고 있어서 지역사회를 이해하는데 있어서 중요한 기준이 된다. 지역문화는 전국적으로 공유할 수 있는 특성이 아닌 특정한 지역 내에서 생활하는 지역민이 공감할 수 있는 공동체적 생활양식이다. 이러한 점에서 지역문화는 일반 대중문화와 공간적 차별성을 갖는다. 즉 지역문화는 한정된 지리적 공간 내에서 사회구성원들이 공유하는 정신적, 물질적 가치를 반영하는 것이다(김선남·최용준·이영원, 2010, p. 51).

지역신문은 전국지에 비해 소자본, 소수의 인력만으로도 운영할 수 있다. 또한 신문발행이 허가제에서 등록제로 바뀌면서 1980년대 후반부터 동일 지역에 여러 개의 신문이 등장함에 따라 신문경쟁이 과열양상을 보였다. 이러한 환경 속에서 인터넷 신문 등의 등장 및 활성화에 따라 정보의 시의성 확보와 선택이 가능한 대안매체의 선호도가 상승하게 되었다. 그리고 통신수단의 발전과 글로벌화를 통한 지역 오프라인 신문의 직접적 수익의 감소 등이 문제점으로 지적되고 있다(권대우, 2009, pp. 42-43).

지역언론은 지역사회 공통의 사회규범, 가치관 및 집단적 경험 등을 내용으로 하는 지역적 수준의 문화를 개발하고, 그것을 사회구성원들 혹은 후세대들에게 전승 내지 전파하여야 하지만 지역문화의 정체성이 확보되지 않은 상태에서는 지역주민들의 애향심이나 지역에 대한 자긍심, 혹은 지역주민들 사이의 공동체 의식이 형성되기 어려우며, 따라서 지방자치와 지역발전을 위한 지역주민들의 적극적인 참여를 기대하기 어렵다(김세철 외,

1997, p. 63).

지역신문은 지역정보를 제공한다고 해서 그 역할과 사명을 다하는 것이 아니다. 이런 경우에는 독자들 역시 만족하지 못한다. 이러한 점들을 고려할 때 지역신문의 지역문화와 특색을 고려하지 않은 제작은 지역신문의 발전에 부정적인 영향을 미칠 수밖에 없다.

2.3.5 지역신문의 대응전략

지역신문이 지니고 있는 여러 가지 장애요인과 더불어 콘텐츠 총량, 융·복합적 커뮤니케이션의 특징, 속보성, 정보획득 및 전달 비용, 수용자 편의성 등에서 우위를 지닌 스마트 미디어의 등장은 기존 종이신문의 위상과 생존을 위협하고 있다. 스마트 미디어는 지역신문의 지역적 특성을 무력화하며 위기를 가져오는 직격탄이 되고 있다. 지역신문의 경영위기는 단순히 신문사의 위기일 뿐만 아니라 지방분권화, 지역 민주주의를 위협하는 중대한 문제라고 할 수 있다(황성욱·배지양·최홍림, 2014, pp. 18-20).

지역신문의 위기에 대한 원인은 여러 학자들이 주장한 바와 같이 각기 다양하게 정의되고 있다. 김정기·김동규(2010)는 지역신문의 위기 원인으로 스마트 미디어의 기술 확산과 종합편성채널 등 신규 진출 미디어와의 구조적 경쟁상황을 지적하고 있다. 특히 기존 해당지역에서 지역신문의 편의성, 속보성, 배포 편의성 등의 우위성은 스마트 미디어에 의해 약화되고 있으며, 아울러 제한된 광고시장에서 경쟁상황 심화에서 낙후된 지역신문의 경영상황은 인력고용의 어려움을 초래하고 있다고 주장했다.

이규홍(2010)은 지역신문의 위기요인을 지역시장에 대한 전국지(중앙일간지)들의 무차별적인 침탈로 지적했다. 전국지의 무차별적인 지역시장 침탈은 풍부한 자금력을 바탕으로 경품을 제공하고 무가지의 대량 배포를 통해서 이루어지기 때문에 문제점이 더욱 심각해지고 있다. 이러한 거대한 자본으로 무장한 전국지들의 물량공세는 자본력이 약한 지역신문들에게는 독자확보에 심각한 장애 요인이 될 수밖에 없다고 주장했다. 김영호(2007)는 또 국가기관과 언론의 수도권 집중, 전국신문간의 증면과 부수경쟁을 통한 독과점화, 중앙언론의 광고시장 독점 등을 지역신문의 위기요인으로 지적했다. 이진로(2002)는 지역신문의 자본과 매출액의 영세성, 경영상의 비전문성과 판매의 비효율성, 내용의 신뢰성 부족 등이 지역신문의 위기를 초래한다고 주장했다.

이처럼 지역신문의 위기에는 다양한 원인들이 존재하지만 무엇보다도 이진로(2002)의 주장처럼 지역신문사의 영세성을 비롯하여 비전문적인 경영, 신문기사의 신뢰성 부족 등이 중요한 원인이라 할 수 있다.

지역신문의 생존 전략에 대해 김영수·강경수(2014)는 유료구독자 확보, 광고 및 협찬 수익의 확대, 자본의 유치, 지원금의 확보, 비용 절감, 온라인 콘텐츠의 유료화, 유료구독자 가입 캠페인, 포털사이트 뉴스 제공 수입 등이 중요하나고 주장했다. 특히, 이 같은 결과를 바탕으로 지역신문의 온라인 제작과 배포, 쌍방향 의견교환이 용이한 디지털 미디어로의 발 빠른 전환이 요청되고, 장기적이고 근본적인 지역신문의 체질 개선 노력이 우선시 되어야 한다고 주장했다.

문종대·안차수(2013)는 인쇄와 같은 장치산업에서 뉴스 콘텐츠 산업으로 전환을 강조하였으며, 아울러 지역신문사가 독자적인 브랜드 가치를 창출해야 하며, 복합문화사업으로 변화하고, 지역문화정보 종합포털로서 기능하며, 멀티미디어를 자유자재로 다루는 전문기자를 교육하고, 생활밀착형 정보생산과 생활광고를 개발하여 틈새시장을 개척해야 한다고 주장했다.

이규홍(2010)은 지역신문의 생존 전략으로 지역신문의 연대화를 주장하였다. 지역신문이 성장하고 안정화되려면 철저한 틈새시장 공략과 차별화 된 정책으로 지역민에게 밀착해야 되며, 지역신문끼리의 연대를 통한 정보교류 및 공동광고 수주, 공동칼럼, 공동기사 등을 교류하고 각 지역을 나누어 소개해 영향력을 향상시켜 지역신문을 활성화시켜야 한다고 주장했다.

한태학(2009)은 지역신문이 지역사회의 차원에서 최소한의 경쟁을 확보할 수 있도록 사회적·제도적 시스템을 구축해야 된다고 주장하였다. 또한 지역신문이 ABC협회에 가입하여 지방자치단체들이 지역신문에 대한 홍보예산을 집행할 때에 발행부수와 같은 일정한 기준을 명시하여 공정성과 투명을 확보해야 한다고 주장했다. 아울러 지역신문의 콘텐츠 제작에 있어서 지역주민의 취향과 눈높이에 맞추는 것이 무엇보다 중요한 것이라 보았다. 그리고 지역신문이 지역사회문제의 해결에 능동적이기 위해서는 공공저널리즘에 입각한 보도, 영역별 지역특성에 입각한 세분화된 팀의 운영 등을 주장했다.

이와 같이 지역신문의 성장과 발전을 저해하는 장애요인으로 정치적, 재정적, 사회적, 문화적 요인 등 다양한 요인들이 있지만 그 중에서도 가장 중요한 요인은 재정적 요인이다. 신문사가 안정적으로 양질의 신문을 발행하기 위해서는 재정적 안정이 무엇보다도 중요하다. 재정이 안정되어야 우수한 취재 및 편집 인력을 고용할 수 있고, 우수한 인재들이 있어야 양질의 신문을 만들 수 있다. 따라서 장애요인 중 재정적 요인 즉, 경제적 안정을 도모할 수 있는 방안을 제시하고자 한다.

지역신문을 발행하는 언론사가 재정적 안정을 기하기 위해서는 구독료, 광고료, 사업 다각화를 통한 기타 수입 증대도 중요하지만, 고정 지출을 최소화하는 것이 무엇보다도 중요하다. 지역신문사를 운영하는데 있어서 가장 큰 비용을 차지하는 부분은 신문 제작비(신문용지 및 인쇄비), 인건비, 임대료 등이다.

우선 신문 제작비 중 신문용지대금은 공동구매를 통해서 낮출 수 있으며, 인쇄비는 정부나 지방자치단체가 지역신문발전지원특별법(이하 특별법)을 근거로 지역별 거점 인쇄소를 지정, 운용하면 낮출 수 있다.

대부분의 제지회사늘은 구매물량 및 대금 결제조선에 따라 신문용지 출고가격을 폭넓게 적용하고 있기 때문에 지방자치단체가 '특별법'에 따라서 자체예산으로 공동구매하거나, 지역신문발전위원회가 특별법에 따라 설치, 조성된 지역신문발전기금으로 공동구매해서 각 지역신문사에 지원한다면 지역신문사들의 신문용지 구입에 따른 부담을 대폭 줄일 수 있다.

또한 인쇄비도 중앙정부나 광역자치단체가 각 광역자치단체별로 지역 특성을 고려하여 거점 인쇄소를 지정하고 '특별법'에 따라 설치, 조성된 지역신문발전기금으로 지역신문사를 지원할 수 있도록 법령을 개정하여 일정 부수까지 인쇄비를 지원한다면 지역신문사들의 인쇄비 부담을 크게 줄일 수 있다.

그리고 지역신문사의 인건비 절감 방안으로는 중앙정부가 관계부처와 협의하여 관련 법 개정을 통해 마련할 수 있다. 정부는 지난 2004년 3월 22일 지역신문의 건전한 발전기반을 조성하여 여론의 다원화, 민주주의의 실현 및 지역사회의 균형 발전에 이바지함을 목적으로 하여 '지역신문발전지원특별법'을 제정, 공표하고 시행해 왔으며, 지난 2016년 2월 3일 일부 개정을 통해 2016년 12월 31일로 소멸예정이었던 특별법을 2022년 12월 31일까지로 6년 연장하여 운영하고 있다.

정부가 위와 같은 목적으로 특별법까지 제정해 지역신문의 육성, 발전을 지원하고 있는 현 상황에서 중앙정부의 관련 부처가 현행 공익근무요원 복무관련 법령을 개정하여 공익근무요원 중 언론사 근무를 희망하는 인력을 지역신문사 또는 권역별 로 가칭 프레스센터에 파견하여 취재 및 편집 등을 지원하게 하면, 지역신문사의 인건비 절감은 물론 장차 언론인을 꿈꾸는 공익근무요원들에게도 실무 경험을 쌓고 역량도 강화시키는 일거양득의 효과를 거둘 수 있다.

끝으로 사무실 임대료 절감방안으로는 '특별법'에 따라 설치, 조성된 지역신문발전기금으로 각 광역자치단체별로 지역 여건에 맞추어 2~4개 정도의 가칭 프레스센터(취재 및 편집 공간)를 마련하고 여기에 (동영상)카메라, 편집용 컴퓨터 등 취재 및 편집 장비를 갖춰놓고 일정한 자격을 갖춘 지역신문사(ex : 지역신문협회 가입 정회원사 등) 들이 이용하게 하면 된다.

이상과 같이 지역신문발전지원특별법에 따라서 구성된 지역신문발전위원회가 지역신문사들의 신문 제작비, 인건비, 임대료 등 재정적 부담이 큰 고정지출 규모를 지역신문발전기금 지원을 통해 줄여 준다면 지역신문사의 재정난을 완화시키는 한편 신문의 질도 높일 수 있을 것이다.

이와 더불어 각 지역신문사들은 전문기자 채용을 비롯하여 생활(주민)밀착형 뉴스 발굴과 생활광고의 개발, 차별화된 정책으로 틈새시장 공략, 지역신문 간 정보교류 확대 및 공동광고 주수 등을 활성화시킬 필요가 있다.

3. 지방자치제도의 구조와 기능

3.1 지방자치제도의 의의와 기능

3.1.1 지방자치제도의 의의

　일반적으로 지방자치는 풀뿌리 민주주의(grassroots democracy)로서 민주주의의 기초(local self-government as a basic for democracy)가 된다는데 동의하고 있다. 지방자치는 지역주민의 능동적인 참여와 통제를 가능케 하며 지역주민으로 하여금 민주시민의 의식을 가질 수 있도록 훈련하기 때문에 민주주의의 실현에 결정적인 역할을 하게 된다(손재식, 1996, p. 37; 이용길, 1999, p. 12). 따라서 지방자치의 핵심은 그 지역에 살고 있는 주민의 능동적인 참여의식이고, 그 성공여부는 그 지역의 주민들이 민주시민으로서의 주인의식을 어느 정도나 지니고 있는가에 달려있다고 보기도 한다(변봉주, 2008, p. 6).
　지방자치(local government, local self-government)는 각 국의 정치형태와 역사적 배경에 따라 다양한 범위와 방법으로 정의되고 있다. 그러나 지방자치의 정의는 국가에 따라서 다르게 정의될 수 있을 뿐만 아니라 학자들의 보는 관점과 적용하는 조건에 따라 다르게 표현되고 있다.

지방자치에 대한 사전적 정의는 지방과 자치라는 두 가지 개념이 결합된 것으로 으로 접근한다. 즉 국가를 구성하는 주체로서의 지방이 외부의 간섭을 배제하고 스스로 다스린다는 것이다. 이러한 사전적 기본 정의를 바탕으로 학자들은 구체적인 다양한 조건을 포함시켜 지방자치를 정의하고 있다.

이달곤(2012)은 지방의 주체를 지역주민으로 보고 스스로 다스리는 범위를 한정하여 정의하고 있다. 즉 지방자치를 지방의 주인인 지역주민이 직접 또는 지방정부를 구성하여, 스스로 다스릴 수 있는 자치권인 법률의 범위 안에서 중앙정부와의 관계를 통해 지역의 문제를 자기책임 하에 처리하는 것이라고 정의하였다(이달곤 외, 2012, p. 5). 김병준(1998)은 "일정한 지리적 경계 내의 주민이 자신들의 대표로 지방정부를 구성하여 지역적 성격을 지닌 문제를 자율적으로 처리하는 통치양식"으로 정의했다. 나아가서 안용식·강동식·원구환(2000)은 지방자치의 기본적 의미는 "지역의 문제를 지역주민이 스스로 결정하고 처리하는 것"으로 단순하게 정의하기도 했다.

이러한 개념정의에 법률적 인격체인 지방자치단체의 자치권을 대입하여 정의하기도 한다. 김철수(1981)는 지방자치를 일정한 지역을 토대로 지방분권주의 사상을 구현하는 법적 개념으로 보았다. 즉 지방자치란 중앙정부에 종속되어 있는 공법인인 지방자치단체가 소속 주민에 의해 피선된 대표기관을 통해 국가의 지도, 감독하에 지방행정을 자기 이름으로 수행하는 것이라고 보았다. 최창호(1998)는 특정한 지리적 구역 내의 주민들이 지방자치단체를 구성하여 국가의 지도와 감독 아래 당해 지역 내의 정치행정을 자기부담에 의하여 스스로 또는 그 대표자를 통하여 처리하게 하는 것이라고 정의했다. 또 강용기(2014)는 국가의 일부 공간에 거주하는 주민들이, 국가와의 상호관계 속에서 일정한 범위의 자치권을 지니는 지방자치단체를 구성하고, 주민의 참여와 자율적인 의사결정을 통해 자치적인 지역문제의 해결을 통해 주민들의 복리를 증진하고자 하는 제반 활동이라고 정의했다.

종합적으로 말하면 국가를 구성하는 단위로서의 지역주민들이 지방자치단체를 구성하여, 법률로 보장된 자치권의 범위 안에서 일정한 국가의 지도 감독을 인정하면서 당해 지역 안의 공동문제를 자기부담에 의하여 스스로 또는 그 대표자를 통하여 처리하는 것을 의미한다(조창현, 1991, p. 18)고 볼 수 있다. 따라서 지방자치의 핵심은 바로 지방적인 일을 지방자치단체의 주인인 지역주민이 자기의 재원을 가지고 자치권의 범위 안에서 스스로 처리해 가는 정치이며 행정인 것이다. 여기에서 '지방적인 일'은 지방에서 이루어지고 처리되어야 할 사무·사업 등을 말하는데 이것을 지역성(localness)이라고도 한다. '지역주민'은 당해 자치단체의 구역 내에 주소를 둔 자로 지방자치를 수행해 나가는 주체이며, '자기의 재원'은 지방자치의 수행을 위해 주민이 부담해야 할 자주적 재원을 말한다. 그리고 '스스로 처리한다'는 것은 외부의 간섭을 배제할 수 있는 독자적 권한을 가지고 자기의 책임 하에 자율적으로 수행한다는 것을 뜻한다(김안제, 1995, pp. 64-65).

이상의 정의들에서 지방자치의 필수적 요건으로 관할구역·주민·자치권 등을 지닌 공법인으로서의 지방자치단체의 존재임을 알 수 있다. 이것은 국가가 영토·국민·주권을 요소로 하고 있는 것과 동일하다. 프랑스에서는 이것을 세분화 하여 법인격, 구역, 고유기관, 독립성, 고유이익 등 5가지를 지방자치단체의 요건으로 하고 있다. 즉, 여기서 법인격과 구역 그리고 고유기관은 지방자치단체의 특성으로 볼 수 있고, 일정한 독립성과 고유이익은 자치권으로 귀결될 수 있으므로 지방자치는 공법인인 지방자치단체와 자치권을 핵심적 구성요소로 한다고 볼 수 있다(이달곤 외, 2012, pp. 9-15).

3.1.2 지방자치의 제도적 기능

지방자치의 제도적 기능에 대해서는 여러 가지로 논의될 수 있다. 최성(2015)은 지방자치의 제도적 기능을 지역정책의 효율성 제고, 시민에 대한 민주정치 교육, 지역공동체 형성, 지방 분권의 확립 등 4가지로 제시하고 있다(최 성, 2015, p. 8). 여기서는 일반적으로 제시되는 지방자치의 순기능을 제시하면 다음과 같다.

지방자치 제도의 순기능으로 제시되는 우선저인 항목은 지방행정의 대응성(responsiveness)을 강화하고 정책의 효과성과 능률성을 증진시키는데 기여한다는 것이다. 현장에서 주민들이 지방행정을 보고 느끼는 평가와 각종 민원 등을 통한 문제제기는 궁극적으로 지방정부로 하여금 신속하게 대처할 수 있도록 할 수 있고 정책의 시행착오를 줄일 수 있게 한다. 주민들과의 거리가 먼 중앙정부가 시·군·구에 획일화된 정책을 시행할 경우 경제적 관점의 기계적 능률성은 높일 수 있으나, 중장기적으로 보면 지역의 다양성과 특성을 바탕으로 형성된 주민의 욕구를 제대로 반영하지 못하여 예산만 소모할 뿐 정책의 대응성과 효과성을 지니지 못할 가능성이 매우 높다. 하지만 지방자치를 통한 지방정부의 정책은 주민과의 지리적, 심리적 거리가 가깝기 때문에 정책의 결정과 집행, 평가의 전 과정에 걸쳐 주민의 요구와 공무원들의 의도가 보다 신속하고 쉽게 전달 수 있게 된다(고양시, 2011, pp. 28-29).

특히, 지역 간 이질성과 다양성이 크게 나타날 경우 중앙정부의 획일화된 정책결정과 집행은 대응성과 효과성 및 능률성을 확보할 수 없을 뿐만 아니라 오히려 문제를 야기할 수 있다. 특히 미국과 영국처럼 인종적, 지리적, 문화적 다양성이 클 경우에는 중앙정부의 획일적인 정책결정이 큰 위험성을 지니게 될 수도 있다. 따라서 영국과 미국에서 다양성을 전제로 한 주민자치제도가 발전된 것을 당연한 결과로 보기도 한다(최 성, 2015, p. 9).

둘째, 지방자치 제도는 정책실험을 가능하게 해주어 정책의 위험성(policy risk)과 오류를 감소시킬 수 있으며 창의적 행정을 가능케 하여 지방공무원들의 능력을 향상시킨다. 모든 정책이 다 성공적일 수는 없다. 따라서 정책은 위험성을 항상 내포하게 되는데 정책의 대상 범위가 클수록 위험성은 커지게 마련이다. 따라서 현안 문제를 일부 자치단체에 국한하여 시범적으로 실시함으로써 정책 위험성과 오류를 줄일 수 있다는 것이다. 이의 대표적인 사례가 2006년부터 제주특별자치도를 중심으로 행정권한의 지방이양, 특별지방행정관서의 이관, 그리고 자치경찰제의 시범실시 등을 추진한 것이다(이달곤 외, 2012, p. 18). 또 지방정부는 지역의 문제를 주민의 여론에 따라 신속하게 해결해야할 과제를 지니기 때문에 지역의 정책결정자들은 다양한 대안을 제시하고 창의적으로 해결하려는 노력을 하게 된다. 이러한 과정에서 주민 대표와 담당공무원들의 창의적인 정책결정과 집행을 가능하게하고 그들의 정치 행정능력을 향상시키게 된다.

셋째, 지방자치는 지역주민들의 민주정치교육을 수행한다. 제임스 브라이스 경(Lord James Bryce, 1919)은 지방자치와 민주주의의 관계를 논하면서 '지방자치는 민주주의의 원천일 뿐만 아니라 민주주의의 학교'라고 말했다. 또 알렉시스 드 토크빌(Alexis de Tocqueville, 1954)가 『미국의 민주주의』라는 책에서 지방자치가 미국 민주주의를 성공적으로 이끈 핵심 요인이었다고 수상하면시 "지방자치는 자유로운 국민의 힘을 형성한다. 자유 외 지방자치의 관계는 학문과 초등학교의 관계와 같다. …지방자치제도가 없이도 자유로운 정부를 수립할 수 있어도 자유의 성신을 가지게 할 수는 없다"[7]고 한 것은 유명하다. 즉, 지방자치는 주민들로 하여금 민주시민 의식을 확립하고 합리적으로 자유를 향유할 수 있도록 하여 민주주의를 정착시키고 발전시키는 제도라는 것이다. 이와 같은 취지에서 밀(J. S. Mill)은 대의적 지방정부(representative local government)는 참여를 통하여 주민들로 하여금 개인적 근시안적 이해관계를 초월하여 공익을 추구하게 하고 타인의 요구를 자신의 욕구와 동등하게 인정하는 것을 가르친다고 하였다.(Dilys M. Hill, 1975, p.27).

또한 윌슨(C. H. Wilson)은 지방자치제도는 주민에게 다음과 같은 세 가지의 정치교육을 한다고 주장하였다(C. H. Wilson, 1947, pp.18-19).

첫째, 지역주민들에게 가능성과 편의성에 관한교육(education in the possible and the expedient)을 시킨다. 이것은 지방자치제도가 주민들의 유토피아적인 인간상과 세계상을 사라지게 한다. 자원이 한정된 현실세계는 이상과 원리만으로 운영될 수 없으며, 지상낙원과 같은 이상세계를 완성할 수 있는 영웅도 존재하지 않는다는 것을 주민들이 깨닫게 한다는 것이다. 즉 지방자치는 현실적으로 실현할 수 있는 일이 무엇이가를 알게 하고 상호간의 타협과 관용을 통하여 실현하는 것이 최선의 방법임을 인

---

[7] Municipal institutions constitute the strength of free nations, town meetings are to liberty what primary schools are to science … A nation may establish a free government, but without municipal institutions it cannot have the spirit of liberty(Alexis de Tocqueville, 1954: pp.63-64).

정하게 한다는 것이다.

둘째, 지방자치는 권력의 운용과 권력의 위험성에 대해 교육을 한다. 민주사회에서의 권력은 정당한 신탁에 의해 주민으로부터 주어지는 것이기 때문에 사용에 있어서 책임을 수반하게 된다. 따라서 권력을 무책임하게 사용할 때는 위험성이 따르게 되는 데 지방자치는 이러한 권력의 획득과 사용방법에 대한 교육의 장이라는 것이다.

셋째, 실천적 재능과 융통성에 관한 교육을 한다. 지역사회가 당면문제들을 파악하고 해결하기 위해서는 융통성과 실천성이 있는 정치적 능력이 필요하다. 지역이 이러한 능력을 개발하지 못할 경우 지배자의 조작대상이 될 뿐 자치는 할 수 없게 된다. 지방자치는 지역주민들의 융통성과 실천성 있는 정치적 능력을 개발하는 중요한 역할을 담당한다.

끝으로 지방자치제도는 공동체형성에 기여한다. 프레이저(1996)는 지방자치가 구현하는 정부의 모습은 서비스 공급기관이 아니라 공동체적 정부라고 하였다. 지방자치는 다음과 같은 세 가지 측면에서 공동체와 결합한다(고양시, 2011, p. 30).

첫째, 정치적 책임감이다. 지역 내에서 이웃과 관계를 맺고 서로의 자원을 공유하며 공동체의 문제를 해결해 가면서 생기는 책임의식이다. 공동의 문제를 해결하려면 인적·물적 자원이 필요한데, 지방정부의 지원이 언제나 풍속하시만은 않기 때문에 지역주민들은 삶의 환경을 개선하고자 개인의 자원과 지역의 자원을 출

자하여 문제를 해결한다. 이 같은 과정을 통해서 주민들은 자신의 권리와 함께 공동체적 책임을 경험하게 된다.

둘째, 생활터전인 지역에 대한 정주의식, 곧 애향심이다. 지방자치의 단위는 지역단위이다. 지방자치는 지역 공동체의 일에 공동으로 대처하게 한다, 이러한 과정에서 지역과 주민의 일체감이 형성된다.

셋째, 문화적 일체감이다. 문화란 인간사회의 총체적 산물이다. 지방자치는 정치, 경제, 사회, 문화, 교육, 체육 등 모든 분야에서 주민들을 상호 협력하게 하며 지역의 특성을 발현시킨다. 지방자치는 지리적 삶의 공간과 더불어 그 속에서 살아가는 주민들의 협력과 상부상조, 신뢰를 형성케 하는 기능을 한다.

3.2 지방자치단체와 자치권

3.2.1 지방자치단체의 성립 요건

지방자치단체(municipal corporation)란 국가 영토의 일정 부분을 관할구역으로 하고 그 안에 있는 모든 주민을 구성원으로 하여, 구역 내의 주민과 사물에 대해 국법이 인정하는 범위 내에서 자치권을 소유하는 공법인을 말한다(신승춘 외, 2015, p. 311; 박연호, 1994, p. 861). 이러한 정의를 바탕으로 본다면 지방자치단체는 공법인의 지위를 지니며 구역, 주민, 자치권 등을 기본적 구성요소로 하고 있음을 알 수 있다.

또 지방자치단체는 지방자치제도의 운영적인 측면에서 다음과 같은 세 가지 요건을 갖춰야 한다고 보기도 한다(이달곤 외, 2012, pp. 11-12).

첫째, 지방자치단체는 지방자치법[8]에 의해 법인격을 부여 받아 공법인의 지위를 가져야 한다. 지방자치법 제3조 제①항에 '지방자치단체는 법인으로 한다'라고 규정하고 있다. 따라서 지방자치법에 의해 법인격이 부여되지 않는 일선 지방행정기관 또는 일선 기관(local agency)과 구분되어져야 한다.

둘째, 의결기관과 집행기관을 가져야 한다. 헌법 제118조는 지방자치단체에 지방의회와 자치단체장을 두도록 규정하고 있다. 이 규정은 지방의회를 의결기관으로 하고 자치단체장을 집행기관으로 분리하여 견제와 균형을 취하도록 하는 기관대립형을 채택하고 있는 것이다. 또 헌법 제118조 제②항에서는 지방의회의 조직·권한·의원선거와 지방자치단체의 장의 선임방법 기타 지방자치단체의 조직과 운영에 관한 사항은 법률로 정하도록 하고 있다. 따라서 지방자치단체는 헌법과 법률에 따라 구성된 의결기관과 집행기관 등의 조직을 가져야한다.

셋째, 지방자치단체는 법률로 보장된 자치권을 가진다. 지방자치

---

8 지방자치단체의 종류와 조직 및 운영에 관한 사항을 정하고, 국가와 지방자치단체의 기본적 관계를 정함으로써 지방자치행정의 민주성과 능률성을 도모하며 지방의 균형발전과 대한민국의 민주적 발전을 기하기 위하여 제정한 법(두산백과사전).

단체는 외부로부터 간섭을 받지 않고 스스로 처리할 수 있도록 법률로 보장된 지역고권인 자치권을 지녀야한다. 자치권은 일반적으로 자치행정권, 자치입법권, 자치재정권 등으로 구분하고 있다.

지방자치단체는 보통(일반)지방자치단체와 특별지방자치단체로 구별된다. 보통지방자치단체란 전국적으로 보편적, 일반적으로 존재하는 일반목적(general purpose)을 지닌 자치단체를 말한다. 일반목적을 지닌 자치단체를 전목적(all purpose) 자치단체라고도 하는데, 이는 일정한 지역 내에서 종합적이고 전반적인 지방자치기능을 수행하기 때문이다, 따라서 보통지방자치단체와 국가 간 또는 보통 지방자치단체 상호간에는 지도감독과 일정한 질서를 필요하게 된다(안용식·강동식·원구환, 2000, p. 90). 이러한 보통지방자치단체는 특별시·특별자치시·광역시·특별자치도·도·시·군·자치구가 해당되며, 이는 국가와의 관계에서 공동의 목적을 성취하기 위해 상하의 계층적 구조를 형성하고 있는 것이 특징이다(신승춘 외, 2015, p. 311).

반면, 특별지방자치단체란 자치행정상 특수한 행정사무를 처리하거나 행정사무의 공동처리를 위해 설치되는 특정목적(special purpose) 또는 단일목적(single purpose)을 지니는 자치단체를 말한다. 이러한 특별자치단체에는 특수사업, 광역사무, 기업사무 등을 처리하기 위해 설치하는 다양한 종류의 공법인이 있으며, 지방자치법 제8장 제3절에 규정된 지방자치단체조합이 이에 해당된다(이종수, 2000, p. 335).

3.2.2 자치구역

지방자치는 일정한 지역적 범위를 대상으로 차치권을 행사하는 것이다. 자치단체의 자치권이 미치는 지리적 공간을 자치구역이라 한다. 자치구역은 원칙적으로 상호 배타적인 특성을 지닌다. 기본적으로 특정 자치단체의 자치권은 자치구역에 한정되는 배타적 특성은 때로 여러 가지 문제를 발생시킬 가능성을 지닌다. 도로건설 등 자치구역을 초월하는 광역행정수요에 대한 효과적인 대응이 곤란하고, 환경오염 등 외부효과를 둘러싸고 지방정부 간 갈등과 대립이 유발하는 원인이 될 수도 있다(이달곤외, 2012, p. 10).

지방자치구역은 고정적인 것이 아니라 가변적인 것이다. 자치구역은 경제·사회의 변화에 따른 경제권 생활권의 변화, 교통·통신망의 정비 상황, 정보화나 기술의 발전, 인구의 이동성 증가, 행정수요와 가치관의 변화, 지방행정의 질적 양적 변화, 역사적 배경 및 지리적 환경, 도시화와 정주체계의 변화 등을 반영하여 합리적으로 획정되는 것이 바람직하지기 때문이다(안용식·강동식·원구환, 2000, p. 104).

자치구역의 기능은 첫째, 지방자치단체의 주민의 범위를 획정한다. 둘째, 지방자치단체의 자치권이 일반적으로 미치는 범위를 획징한다. 셋째, 국가의 일선기관의 관할구역을 정하는 기초, 국회의원 등의 선거구 내지는 지역주민의 이익이 응집, 통합될 때의 기초가 된다. 넷째, 각종 직능단체의 결성 활동 단위가 된다. 다섯째, 구역이 주민 의식이나 향토의식 형성의 기초가 됨과 동시에 국민의 사회적·문화적·경제적 활동이 구역에 의해 한정될 수 있다(안용식·강동식·원구환, 2000, pp. 104-105).

3.2.3 주민

지방자치법 제12조에 지방자치단체의 구역 안에 주소를 둔 자를 주민으로 하고 있다. 따라서 주민은 지방자치단체를 구성하는 인적요소이다. 주민에는 한국인뿐만 아니라 외국인도 포함하고 있다. 민주적인 지방자치 하에서는 주민이 지방자치단체의 주인이며 자치권 행사의 주체이자 객체라고 볼 수 있다. 즉 주민은 지역적 자치사무의 처리에 직접 참여하거나 주민대표의 선출에 참여함으로써 지방자치의 주체로 기능하며, 지방자치단체의 정책 및 행정사무처리의 수혜를 받는다는 점에서 객체가 되는 것이다(이달곤외, 2012, p. 10).

강용기(2014)는 주민은 당해 지역에서의 주권자, 최고 의사결정권자, 행정서비스의 수혜자 등으로서의 지위를 지닌다고 보는데 이를 설명하며 다음과 같다(강용기, 2014, pp. 201-203).

첫째, 주민은 지역주권자로서의 지위를 지닌다. 시민사회에서 주민은 지역의 통치 주체이며, 모든 지역 권력의 중심인 지방의 주권자로서의 지위를 가지고 있다. 이로써 지방자치는 주민이 중심에 서서, 주민이 스스로 참여해 그 책임과 의무를 다하는 주민주체의 통치구조와 기능을 가지게 되는 것이다. 지역주권자로서 주민의 권리는 지방자치단체에서 실시하는 지역의 대표자를 뽑는 선거에 입후보하거나 투표할 권리를 가지며, 조례의 제정 및 개폐 청구, 감사 청구, 주민소환을 할 수 있다. 또 지방자치단체의 주요한 결정 사항에 대해서는 주민투표를 통해 직접 의사결정력을 행사할 수 있다.

둘째, 주민은 지방자치단체의 최고 의사결정기관이다. 모든 지역의 의사결정[9]은 최종적으로 주민의 선택을 통해 이루어진다. 의사결정은 주민의 권력을 위임받은 대표기관인 지방의회나 지방자치단체장을 통해 간접적으로 이루어지기도 하지만, 주민발의, 주민투표, 주민소환과 같이 중요한 사안의 결정에는 투표를 통하여 직접적으로 의사결정을 하게 된다.

셋째, 주권자로서의 주민은 해당 지방자치단체의 다양한 행정서비스를 제공받을 권리를 지닌다. 이러한 행정서비스는 지역의 주민에게 균등하고, 편리하게 제공될 수 있어야 하며, 주민에게 도움이 되는 주민을 위한 고품질의 서비스여야 한다.

이 밖에 주민은 법령으로 정하는 바에 따라 소속 지방자치단체의 비용을 분담하여야 하는 의무를 담당하는 지위를 지닌다.

---

9 의사결정은 조직의 운영정책 및 주요 계획의 목표를 달성할 수 있는 대안 가운데서 가장 바람직한 행동 경로를 선택하는 과정을 말한다. 넓은 의미의 의사결정은 조직관리자가 조직 목표를 달성하기 위한 총체적 과정을 말한다(이종수, 2000, p. 227).

3.2.4 자치권

지방정부의 자치권이 국가로부터 전래[10] 또는 수탁된 것인가 아니면 국가의 성립 이전부터 존재했던 지역의 고유한 권리[11]인 것인가에 관해서는 의견이 대립되고 있다. 고유권설은 영·미의 주민자치 국가에서 자연법사상과 낭만적 자유주의 사상을 바탕으로 발전되었으며, 수탁설은 독일의 공법학자들을 중심으로 발전되었다. 현대의 자치권에 대한 사상은 칼 슈미트(C. Schmitt)의 제도적 보장설을 다수설로 인정하고 있다. 즉, 자치권은 국가로부터 전래된 것이지만 일단 법으로 정해진 자치권은 보장되어야 한다는 이론이다.

자치권은 자치구역, 지역주민, 대표기관과 함께 지방자치제도의의 성립조건으로 한다. 적절한 자치권이 없다면 진정한 지방자치를 기대할 수 없다. 시·군의 읍·면·동, 대도시의 행정구, 그리고 제주특별자치도의 행정시 등에서는 자치구역과 지역주민이 있지만 자치권이 부여되지 않았기 때문에 지방행정은 있어도 지방자치가 이루어질 수 없다.

---

10 전래권설(자치위임설)은 지방자치단체의 자치권은 국가 통치권의 일부가 지방자치단체에 부여된 것이라고 본다. 그에 대한 논거는 연방제가 아닌 중앙집권국가에서는 국가의 통일성을 보장하여야 하기 때문에 국가의 통치권으로부터 독립된 자치조직을 인정할 수는 없으며, 모든 권력은 국가권력으로부터 나올 수 밖에 없다는 것이다(이은수, 2015, p. 8).

11 고유권설은 지방자치단체의 자치권은 국가 이전부터 인정되고 있는 지방자치단체에 고유한 권리라고 한다. 그 논거는 역사적으로 지방자치단체는 국가 이전부터 지역공동체의 이익을 위해 형성되어 지역공동체에 고유한 문제를 자율적으로 처리하여 왔다는 역사적 사실에 기초하고 있다(이은수, 2015, p.8).

지방자치단체의 자치권은 자치입법권과 자치행정권으로 구분된다. 자치행정권은 다시 자치조직권, 협의의 자치행정권, 지치재정권으로 및 자치계획권 등으로 구분된다(박연호, 1994, pp. 862-863). 또 자치권을 자치사무처리에 필요한 법규를 자율적으로 제정하는 자치입법권, 사무처리에 필요한 조직과 인사를 자율적으로 구성할 수 있는 자치조직권, 사무처리에 필요한 재원을 자율적으로 조달하고 지출할 수 있는 자치재정권, 자치단체의 법규를 위반한 행위에 대해 형을 정하고 집행할 수 있는 자치사법권 등으로 구분해 볼 수도 있으나 여기서는 우리나라의 지방자치법을 바탕으로 자치입법권과 자치행정권으로 구분해 보고자 한다.

자치입법권은 조례제정권과 규칙제정권으로 구성되어 있다. 조례는 주민의 권리·의무에 관계되는 사항을 규정하는 법규범적 성격을 갖는 조례와 주민의 권리·의무와는 직접적 관계가 없는 당해 지방자치단체의 운영·관리에 관한 사항을 정하는 내부규칙적 성격을 갖는 조례로 구분된다.

조례의 특성은 다음과 같다(강용기, 2014, pp. 144-145).

첫째, 조례는 주민 대표기관인 지방의회에서 만들어진다. 조례의 제정과 개폐는 지방의회의 고유 권한이며, 지방의회의 의결을 통해서만 제정되거나 개폐할 수 있다.

둘째, 조례는 법 규범으로서 주민들에게 일정한 구속력을 가진다.[12]

---

12 조례를 위반할 경우 제 규정에 의해 과태료가 부과되는 등의 강제력이 행사된다. 지방자치법 제27조 1항에 의거, 지방자치단체는 조례로서 조례 위반행위에 대해 1천만원 이

셋째, 조례는 지역의 법으로 지리적 제약을 받는다. 조례는 당해 지방자치단체의 관할 구역 내에서만 적용되는 공간적, 지역적 한계를 가지고 있다.

넷째, 조례는 법령의 범위 안에서 제정된다. 조례는 상위 법령을 저촉해서는 안 되며, 주민의 권리 제한 또는 의무 부과에 관한 사항이나 벌칙을 정할 때에는 법률의 위임이 있어야 한다.

규칙제정권은 자치단체장이 지닌다. 지방자치법 제23조에 따르면 지방자치단체의 장은 법령이나 조례가 위임한 범위에서 그 권한에 속하는 사무에 관하여 규칙을 제정할 수 있도록 하고 있다. 이에 따라 규칙은 지방자치단체장의 명령이라고 볼 수 있는데 동법 제24조에서 "시·군 및 자치구의 조례나 규칙은 시·도의 조례나 규칙을 위반하여서는 아니 된다"라고 규정하고 있어 자치단체 간의 상하관계를 정하고 있다.

조례와 규칙사이에는 일반적 의미상의 형식적 효력에 있어서는 우열이 없다. 다만 양자의 규정내용이 상충될 때 조례가 그 세부사항을 규칙으로 제정하도록 위임하였을 때에는 조례의 효력이 우월하다.

자치행정권은 자치조직권, 협의의 자치행정권 및 자치재정권등으로 분류되고 있음은 앞에서 본 바와 같다. 자치조직권[13]의 내용과 범위는 국가에 따라 상이하다. 미국과 같은 나라에선 지방정

하의 과태료를 정할 수 있도록 규정하고 있다.
13 자치조직권이란 지방자치단체가 행정기구, 정원, 사무분담 등 자기의 조직을 자주적으로 정하는 권능을 뜻한다.

부 형태까지 결정할 수 있는 광범한 자치조직권이 인정되고 있는 데 비하여, 대륙계 국가 특히, 프랑스에서는 상당히 제한된 자치조직권만 부여되고 있다.

자치조직권은 집행기관과 의결기관 등의 자치기구를 조직할 수 있는 권리와 아울러 자치기구의 내부조직을 당해 지역에 필요한 구조로 형성시킬 수 있는 권리이다. 농촌지역에서는 농업관련 부처를 강화할 필요가 있고, 관광지역은 관광의 활성화에 필요한 조직을 확대할 수 있어야 한다. 지방자치제도는 이러한 자치조직을 법률에 정하는 범위 내에서 개편 조직할 수 있어야 가치를 지니게 된다(강용기, 2014, p. 224).

다음으로 협의의 자치행정권이란 지방자치단체가 지역적 자치사무를 외부 특히 중앙정부로부터 간섭을 받지 않고 자주적으로 처리할 수 있는 권능을 의미한다.

끝으로 자치재정권이란 지방자치단체의 운영에 필요한 경비를 충당하기 한 재원을 자주적으로 조달하고 관리하는 권능을 의미한다. 자치재정권이 없을 경우 실질적인 지방자치의 실현은 기대하기 어렵다. 그러나 지방자치단체의 완전한 재정적 자주성이 실현된 국가는 거의 없고, 다만 그 정도가 문제이다. 이러한 지방자치단체의 자치재정권은 그 성질에 따라 재정권력작용과 재정관리작용의 두 측면을 지닌다.

3.3 지방의회

3.3.1 지방의회의 지위

주민 대표기관이란 주민들로부터 직접 선출된 주민대표와 주민대표로 구성된 기관을 의미한다. 주민대표란 자신이 대표하는 지역과 주민뿐만 아니라 지역전체의 공공복리증진을 위한 정책결정에 참여하고 이익을 대변하는 역할을 하는 기관이라 할 수 있다. 이러한 역할을 하는 지방자치법상의 주민대표기관은 지방의회이다.

우리나라 지방의회는 헌법 제118조 제①항의 "지방자치단체에 의회를 둔다"라는 규정에 따라 구성된 지방자치단체의 헌법상 자치기구이다. 지방의회의 조직, 권한, 운영 등 그 지위와 기능은 헌법 제118조 제②항의 규정에 따라 지방자치법 및 동법 시행령에서 세부적으로 규정하고 있다(최근열, 2015, p. 57).

지방의회는 주민대표기관 및 의결기관, 집행기관에 대한 감시기관의 지위를 갖는다. 이러한 지위는 〈표 Ⅱ-7〉에서 보는 바와 같이 설명될 수 있다(최근열, 2015, pp. 57-58).

첫째, 지방자치법 제30조에는 지방의회를 주민의 대의기관[14]으

---

14 따라서 지방의회를 구성하는 지방의원은 그를 선출한 출신 지역이나 그 주민만을 대표로 하는 것이 아니라 그 자치단체의 전 지역을 대표하는 지위를 갖추어야 한다. 아울러 오직 헌법과 법률에 규정된 바에 따라 그리고 자신의 양심과 판단에 따라 주민 전체를 위하여 활동해야 한다(안용식 · 강동식 · 원구환, 2000, p. 195).

로 규정하고 있다. 따라서 지방의회는 지역주민을 대표하여 지방자치단체의 목표달성을 위한 의사를 결정하고, 결정된 의사에 따라 집행하는 기관을 감시하는 지위를 갖는다.

둘째, 지방의회는 지방자치단체의 최고 의사결정기관[15]이다. 지방의회는 조례의 제정 및 개폐, 예산의 심의 의결, 결산의 승인을 비롯하여 지방자치단체의 주요 정책, 주민의 부담에 관련된 사항, 지방자치단체의 운영 등에 관한 의사를 결정한다(지방자치법 제39조).

셋째, 지방의회는 자치단체의 법령의 범위 안에서 조례를 제정할 수 있는 입법기관이다(지방자치법 제39조 제①항 제1호).

넷째, 지방의회는 감시기관[16]으로서의 지위를 지닌다. 지방의회는 자치단체 집행기관에 대한 행정사무감사 및 조사권을 지닌다. 또 행정사무가사 및 조사와 관련하여 서류의 제출요구와 단체장 및 보조기관장의 출석 및 답변요구의 권한을 부여받고 의정활동을 수행하는 감시기관이다(지방자치법 제41조, 제41조의 2).

---

15 예컨대 지방의회의 의결을 거치지 않은 예산안은 집행될 수 없다. 의회 기타 지역 현안에 대한 주요 정책 사항에 대해 의견을 개진해 여론을 형성하기도 한다(강용기, 2014, p. 247).

16 감시기관으로서의 지방의회는 지방자치단체의 장이 집행하는 행정사무를 감시하고 비판하는 기능을 의미하는데, 입법기관으로서의 지방의회의 지위가 낮아지면서 상대적으로 부각되는 지방의회의 지위라 할 수 있다(안용식·강동식·원구환, 2000, p. 197).

〈표 II-7〉지방자치법상 지방의회의 지위

지방의회의 지위	법적 근거
주민대표기관으로서의 지위	◆ 지방자치법 제31조: 주민의 보통·평등·직접·비밀 선거에 의한 선출
의결기관으로서의 지위	◆ 지방자치법 제39조 제①항 각호의 지방의회의 의결사항 및 ②에 근거한 의결권 행사
※ 의결권의 제한	지방자치단체의 장의 재의요구 사항 ◆ 지방자치법 제107조: 지방의회 의결에 대한 재의요구와 제소 ◆ 동법 제108조: 예산상 집행 불가능한 의결의 재의요구
입법기관으로서의 지위	◆ 지방자치법 제22조: 조례의 제정
감시기관으로서의 자위	◆ 지방자치법 제41조: 행정사무감사권 및 조사권, ◆ 동법 제41조의 2: 행정사무감사 또는 조사보고에 대한 처리 ◆ 동법 제42조: 행정사무처리상황의 보고와 질문응답

* 출처 : 최근열. 기초지방의회 역량강화 방안. 2015. p. 58 재작성

3.3.2 지방의회의 기능

지방의회의 기능은 지방의원들 지위로부터 기대되는 역할을 수행하기 위한 공적인 책무라고 할 수 있다. 이러한 지방의회의 기능은 지방의회의 지위와 권한에 따른 의정활동을 지방의회의 대외적 관점에 본 것이라 할 수 있다. 지방의회의 기능은 학자에 따라 다양하게 분류하고 있으나 일반적으로 다음과 같이 분류하고 있다(최봉기, 2006, pp. 264-266; 최근열, 2015, pp. 58-59).

첫째, 의결기능으로 대의기관으로서 지방의회가 지니는 본질적 권한에 따라 이루어지는 심의·의결 활동을 의미한다. 지방의회는 지방자치단체의 운영에 관련된 예산·결산의 심의 확정 및 조례제정 그리고 주민의 부담에 관한 사항 등을 심의·의결함을 주요 임

무로 한다.

둘째, 정책기능으로 전술한 의결기능의 일부에 해당하는 기능을 말한다. 지방의회는 장차 지방정부가 실행해야 하거나 실행하지 않아야 할 방침 혹은 지침을 결정하는 기능을 지닌다.

셋째, 입법기능으로 지방의회가 당해 지역의 조례를 제정·개정·폐지할 수 있는 기능을 의미하며 이 기능도 역시 광의의 의결기능에 포함된다.

넷째, 견제 및 감시기능으로 지방의회는 집행기관에 대해 의회가 의결한 사항이 합법적이고 합리적으로 공정하게 집행되는가를 감시하고 통제하는 권한을 지닌다.

다섯째, 대의기능으로 지방의회가 주민 대표기관으로서 주민의 의사를 수렴하여 그것을 의정에 반영하고 지역사회의 공동이익과 공동 목표를 추구하는 기능을 의미한다.

여섯째, 갈등조정 및 조화기능으로 지방의회가 지역사회 내에서 발생하는 각종 갈등과 분쟁을 해결하고 개인 및 집단 간의 화합과 단결을 모색해가는 제반활동이다.

일곱째, 협력봉사 기능으로 지방의회는 지역발전과 주민의 복리증진을 위하여 타 자치단체나 의회와는 물론 당해 자치단체의 집행기관과도 협력하고 공동으로 노력해야 한다.

여덟째, 자율운영 및 발전관리 기능이다. 즉, 먼저 자율운영 기능은 지방의회가 스스로 효율적인 의회운영을 위해 의회 내부조직을 구성하고 회의 및 의사를 진행하며 자율적으로 원내실서를 유지하는 한편 의원 스스로의 신분을 사정하는 기능을 의미한다. 그리고 발전관리 기능이란 지방의회 의원들 스스로가 연구하고 문제점을 찾아내고 시정하여 의회운영의 효율성을 높여가는 활동을 의미한다.

3.3.3 지방의원의 대표활동 내용

주민대표로서의 지방의원 활동은 정책의 결정, 서비스의 제공, 배분 및 상징적 활동으로 구분하여 설명할 수 있다(최봉수, 2003, pp. 196-197).

지역의 정치행정은 주민과의 공적인 관계와 결정과정을 통해 진행되는데, 이러한 과정과 관계에서 지역주민의 여망에 부응하여 지역발전을 극대화시켜 가는 역할을 정책결정 활동이라 말한다. 서비스 제공은 지방의원이 개인이나 유권자 집단의 요구사항들에 대해 대응하여 처리해주고 지역신문의 회보나 칼럼을 이용해 입법정보나 정책정보 등을 제공하는 것들을 포함한다. 서비스 제공에는 또 주민들이 당면한 구체적인 문제들을 해결해 주는 것도 해당되는데, 복지급여, 세금 등과 같은 주민들의 민원을 해결함으로써 집행기관과 주민들 간의 중재자로서 활동하는 것과 같은 것이다. 각종 행정서비스 프로그램이 증가할수록 의원들의 서비스 제공 활동이 증가하게 되는데, 이것은 지역주민들이 의원들의 행정관련 활동을 촉진시키는 동기가 되었다(Fiorina, 1967, p.

180; 최봉수, 2003, pp. 196-197 재인용).

배분적 활동은 지역구에 지방의원들이 실질적인 물질적 혜택을 줌으로써 유권자들의 이해관계를 충족시키는 활동을 말한다. 혜택이 개인이나 단체에 돌아가는 서비스 제공과는 달리 지역 전체나 중요한 특정 부분에 분배되는 활동이다. 즉, 누가 사회부조, 교육, 도시재개발 지원금을 받게 되는가에서 부터 특정시설의 입지, 산업의 계약 등 다양한 문제들과 관련되어 진다(Barbara, 1988, p. 99). 즉, 지방의원은 주민들이 각종 보조금을 받아낼 수 있도록 신청하는 것을 권장할 수도 있다. 그리고 의안의 심의과정에서 출신 지역구에 유리하게 발언하기도 하며, 출신 지역구에 유리한 결정이 내려지면 크게 홍보하고 자랑할 수도 있다. 이와 같은 배분 대응성은 지역 전체에 동등하게 이익을 줄 수도 있고 때에 따라서는 일부 지역에게 더 많은 편익을 줄 수도 있다.

상징적 활동은 지역적 편익의 제공과는 별도로 선거구 유권자들에게 주민대표로서의 신뢰와 확신을 줌으로써 유권자들의 지지를 유지하고 확산시키는 모든 활동을 말한다. 이는 월크(Wahlke)의 연구에서도 강조되고 있는 바, "정치과정에 대한 상징적 만족이 아마도 그 과정의 산물인 정책에 대한 구체적 수단적 만족보다 중요할 것"이라고 말하고 있다(Wahlke, 1971, p. 288).

특히 대의기구의 역할과 기능에 대하여 냉소적인 시기에 있어서 의원이 신뢰 높는 지지를 창출하고 유지하기 위하여 상징적 상징을 조작하는 문제는 의원 대표활동에 있어서 중요한 부분이 되고 있다. 페노(Fenno)는 의원들이 유권자의 신뢰를 얻기 위해서는 동일성과 공감의 이미지를 보여주는 것이 중요하다는 것을 강조했다.

동일성이란 의원들이 유권자들에게 '나도 여러분 중의 하나', '여러분과 같은 사람', '나도 당신의 관심분야에 똑같은 관심을 갖고 있다' 등을 강조함으로써 서로 같기 때문에 신뢰할 수 있다는 메시지를 주는 것이다. 공감이란 의원들이 '여러분들의 상황을 이해하고 관심을 갖는 것', '나도 여러분과 같은 상황이라면' 등의 분위기를 보여줌으로써 '비록 당신과 다르지만 이해하고 있기 때문에 믿을 수 있다'는 메시지를 주는 것이다(최봉수, 2003, p. 197).

3.4. 집행기관

3.4.1 집행기관의 의의와 특성

지방자치단체의 집행기관이란 의결기관이 결정한 의사에 따라서 지방자치단체의 목적을 구체적이고 적극적으로 실현하는 기관을 의미한다. 다시 말하면 그 지방자치단체의 의사를 대외적으로 표시하는 권한을 가진 기관을 의미한다(김보현·김용래,

1985, p. 438; 조창현, 1991, p, 100; 최창호, 2006, p. 335). 지방자치단체의 집행기관은 지방자치단체의 권력분립 형태와 기관구성형태에 따라 다양한 유형으로 존재하고 있다. 입법권과 집행권을 엄격히 구분하는 기관대립형(시장-의회형)의 경우에는 대체적으로 자치단체의 수장이 집행권을 지니나 영국과 같은 기관통합형(의회형)에서는 의회가 입법권과 집행권을 지니게 된다. 또한 프랑스 기초자치단체의 경우는 의회 의장이 집행부의 수장이 되기도 하며 의회-참사회형의 경우는 참사회 또는 집행위원회가 합의제 집행기관이 되기도 한다.(정세욱, 1991, p. 397; 최창호, 2006, p. 336). 이 같은 집행기관은 현대지방자치의 발전과 복지국가 이념의 확대와 더불어 양적·질적으로 확대된 지방행정업무를 수행하기 위해서 지속적으로 거대해지고 있다. 뿐만 아니라 질적으로 복잡해진 행정업무를 전문적으로 처리하기 위하여 많은 전문화된 단위기관으로 나누어지고 있다. 그러나 이와 같이 분화된 많은 기관들의 업무수행이 하나의 통일성 있는 업무수행으로 종합되고 조정되어야 한다. 이러한 목적을 달성하기 위해서 각 전문적 단위 집행기관들을 피라미드 형태의 계층제적 체계로 계통화 하고 있는 것이 오늘날 집행기관의 특징이라고 할 수 있다(조창현, 1991, pp. 100-101).

우리나라 헌법 제 118조에서는 지방자치단체에 지방의회를 두도록 하였고 지방자치단체의 장에 대한 선임 방법은 법률로 정하도록 하고 있어 기관대립주의를 채택하고 있다. 또 지방자치법은

제5장에서 지방의회 지위와 권한 및 운영에 관한 사항을 규정하였고 제6장에서 집행기관의 종류 및 지위와 기능을 규정하여 기관대립주의 시장-의회제를 채택하고 있다. 즉, 모든 지방자치단체에는 지방의회를 두며 자치단체의 수장으로서 특별시에 특별시장, 광역시에 광역시장, 특별자치시에 특별자치시장, 도와 특별자치도에 도지사를 두고, 시에 시장, 군에 군수, 자치구에 구청장을 두어(지방자치법 제93조) 이들이 각각 해당 지방자치단체를 대표하면서 자치단체의 사무를 통할하도록 하고 있다(지방자치법 제101조).

지방자치단체의 수장의 선임방법은 건국 이후로 직선제와 간선제 및 임명제 등을를 바꾸어가며 채택, 실시해 왔으나, 현재는 주민이 보통·평등··직접·비밀선거를 통하여 선출하고 있다(지방자치법 제94조).

지방자치법 제6장에서는 집행기관을 자치단체의 장, 보조기관, 소속행정기관, 하부기관 및 교육·과학 및 체육에 관한 기관 등으로 분류하고 있다.

보조기관은 자치단장의 직무를 내부적으로 보조하여 자치단체의 목적을 실현하기 위한 조직을 말하여 이에는 부단체장, 행정기구와 소속공무원이 있다(지방자치법 제110조, 제 112조).

소속행정기관은 교육훈련, 시험연구 농업기술 등 전문적인 업무를 담당하는 직속기관, 사업소, 출장소, 합의제 행정기관 등이 있다(지방자치법 제13-16조) 합의제 행정기관은 직무상 독립하여 특별한 사무에 관한 결정-집행의 기능을 수행하는 인사위원회, 공무원소청심사위원회, 선거관리위원회 등 특별행정기관을 말한다. 이러한 특별행정기관은 집행기관 다원주의를 채택하여 단체장의 권력남용을 방지하기 위한 것이다.

하급기관은 지방자치단체의 사무를 지역별로 담당하는 일반행정기관들로서 기초자치단체의 구청장·읍장·면장·동장 등이 있다(지방자치법 제117조)

교육·과학 및 체육에 관한 집행기관으로서 시·도 교육감 및 시·군, 자치구교육장이 따로 있어서, 두 계통의 집행기관이 병립하고 있는 실정이다. 이로 말미암아 야기될 수 있는 계통의 중복, 낭비, 할거주의 등의 폐해를 우려하여 교육감에 대한 교육부장관의 일정범위의 조정적 권한을 인정하고 있다(지방교육자치법 제28조).

3.4.2 지방자치단체의 장의 지위와 권한

우리나라 지방자치단체의 장은 지방자치단체의 수장 및 행정수반으로서의 지위와 국가의 하급행정기관으로서의 지위를 갖는다.

지방자치법 제101조에는 "지방자치단체의 장은 지방자치단체를 대표하고, 그 사무를 총괄한다."라고 규정하고 있다. 우선 "지방자치단체를 대표한다"라는 것은 자치단체장이 수장으로서의 지위를 가지고 외부에 대해 지방자치단체를 대표해야한다는 것을 규정한 것이다. 또 "지방자치단체장은 그 사무를 총괄한다."는 규정은 지방자치단체장이 구역 안에서 실제적으로 사무를 집행하는 최고책임자라는 것을 나타내준다.

한편 지방자치법 제102조는 "시·도와 시·군 및 자치구에서 시행하는 국가사무는 법령에 다른 규정이 없으면 시·도지사와 시장·군수 및 자치구의 구청장에게 위임하여 행한다."라고 규정하고 있다. 즉 지방자치단체의 장은 그 지방자치단체 내에서 시행하는 국가사무를 위임받아서 시행하는 국가의 하급기관이 된다.

이상과 같은 지방자치법의 규정에 의하면 지방자치단체의 장은 원칙적으로 자치단체의 기관으로서의 지위를 가지고 있으나 국가사무를 위임받아 처리하는 범위 안에서는 국가기관으로서의 지위도 갖는다고 보아야 한다.

한편 지방자치단체의 장의 권한을 살펴보면 지방자치단체의 통할대표권, 행정사무의 관리·집행권, 규칙제정권, 직원에 대한 지휘 감독권, 지방의회에 대한 권한 등을 갖는다.

첫째, 지방자치단체의 장은 그 지방자치단체를 대표하고 사무를 총괄한다는 지방자치법 제 101조의 규정에 따라 지방자치단체의 대표권과 사무 총괄권을 가진다고 보아야한다. 여기서 대표한다고 하는 것은 대외적으로 대표한다는 것을 의미하며, 총괄한다는 것은 자치단체 사무의 전반에 관하여 통합적인 최고의 권한을 갖는다는 것을 의미한다.

둘째, 지방자치단체의 장은 그 지방자치단체의 사무와 법령에

의하여 위임된 사무를 관리하고 집행한다(지방자치법 제102조).

셋째, 지방자치단체의 장은 법령 또는 조례가 위임한 범위 안에서 그 권한에 속한 사무에 관하여 규칙을 정할 수 있다 (지방자치법 제23조).

넷째, 지방자치단체의 장은 소속 직원을 지휘·감독하고 법령, 조례, 규칙에 정한 바에 의하여 그 임면, 교육훈련, 복무, 징계 등에 관한 사항을 처리한다(지방자치법 제105조)

다섯째, 지방자치단체의 장은 지방의회와의 관계에 있어서 다음과 같은 권한을 가진다.

① 최초의회 임시회 소집 및 일반 임시회 소집요구(지방자치법 제45조).

② 의회 부의 안건의 공고(지방자치법 제46조).

③ 의안의 발의(지방자치법 제66조).

④ 예산안의 제출(지방자치법 제127조).

⑤ 재의요구 및 제소(지방자치법 제107조).

⑥ 선결처분권(지방자치법 제109조)

우리나라의 지방자치법은 비록 기관 대립형을 취하여 행정권과 입법권의 분리를 통한 견제와 균형을 목표로 하고 있다. 그러나 집행기관인 자치단체의 장이 갖는 지방의회에 대한 권한 중에서 선결처분권은 행정적 권한을 남용할 소지가 많기 때문에 지방의회의 권한을 지나치게 위축시키는 결과가 될 것이라는 우려도 있다(조창현, 1998, p 201).

4. 지역신문과 지방자치의 상관성

4.1. 민주주의 장치로서의 상관성

4.1.1 민주주의와의 불가분성

　언론은 사회조정과 통합기능을 통해 국민의 다양한 이해관계와 생각을 정리하여 정부가 이에 관심을 갖도록 하고, 동시에 정부가 국민이 부여한 임무를 적합하게 수행하고 있는지를 감시한다. 이러한 언론의 기능은 국민과 정부가 일치한다는 민주정치의 가정을 실제적 구체적으로 실현하는 역할을 담당하고 있는 것이다(김삼오, 1994, pp. 28-29). 따라서 건전하고 책임 있는 언론 없이는 민주주의 실현이 불가능하고, 언론의 뒷받침이 없는 정치나 행정은 제대로 그 기능을 발휘할 수 없다.

　민주주의와 언론과의 관계가 밀접한 것처럼, 민주주의의 기초인 지방자치와 지역 언론 역시 불가분의 관계에 있다. 더욱이 지방자치는 지역주민의 참여와 그 의사를 바탕으로 시행되는 풀뿌리 민주주의라는 점에서 지방의 여론을 선도하는 지역언론은 지방자치에 필수적인 존재인 것이다(최종수, 1995, p. 72).

　지방자치제의 기본 토대는 정치·경제·사회·문화 등 주민의 생활환경 전반에 대해 주민이 올바른 판단을 내릴 수 있게 하기 위한 정보의 공개에 있다. 특히 주민의 이해관계와 밀접한 행정정보의 공개는 주민의 '알 권리'라는 측면에서 절대 필요한 것이며, 그 '알 권리'는 주로 언론에 의해 충족된다. 언론은 주민의 알 권리를 충족시키기 위한 '알릴 권리' 지니게 된다. '알릴 권리'는 지역의 각종 정보를 수집하고 제공할 권리를 의미하는데, 이에 상응하여 주민은 지역언론에서 제공하는 정보를 수령할 수 있는 권리를 갖게 된다(김철수, 1997, pp. 537-538).

지역언론은 민의에 토대를 둔 여론형성을 주도적으로 담당하는 기관이다(박정규·전환성, 1990, pp. 5-8). 지역언론의 활성화는 지역사회 발전과 분리하여 생각할 수 없다. 진정한 의미의 지역사회의 발전은 지역주민이 자신들의 문제 해결을 위한 정책결정에 자유롭게 참여할 수 있는 지방자치제도가 정착될 때 비로소 가능하게 될 것이다.

정부(정치)와 언론의 관계는 협조관계에 있어야 하느냐, 견제관계에 있어야 하느냐에 대해서는 많은 논쟁이 있다. 정부와 언론은 기본적으로 갈등관계에 있어야 한다는 견해도 있고, 심지어는 적대적 관계에 있어야 한다는 주장도 있다. 궁극적으로 양자의 존재이유는 전체사회의 공동목표를 민주적으로 달성하는 데 있기 때문에 기본적으로는 조화(협조)관계에 있어야 한다고 본다. 그러나 언론과 정치가 민주사회에서 수행해야 할 역할이나 기능이 다르다는 점에서 때로는 견제관계에 있을 필요성도 배제

할 수 없는 것이다(최종수, 1995, p. 72). 따라서 언론은 정확한 정보제공을 통하여 정부가 정책을 올바르게 수립하도록 지원해 줄 책임이 있을 뿐 아니라, 동시에 그 정책의 집행과정을 감시하고 비판할 임무도 있다고 할 것이다.

본 연구에서는 정치와 언론의 관계를, 지방자치(지방행정)와 지역언론의 관계로 설정하고 논의를 전개하고자 한다. 이러한 의미에서 지역언론이 건전하게 그 기능과 역할을 다 할 때 지역사회는 건강하게 되고, 나아가 지방자치도 튼튼히 뿌리를 내리게 될 것이다.

지방자치제의 성공적 정착을 위해서는 지역주민들이 공동체의식과 공익을 바탕으로 스스로의 문제를 해결할 수 있는 '지역공중'(community public)으로 훈련되어야 하는데, 지역공중으로 훈련하기 위한 핵심적 수단이 지역언론의 활성화라고 볼 수 있다. 지방자치단체의 자치기구들은 지역주민 공통의 관심사와 지역의 공익이 무엇인지를 명확히 파악해서 주민들에게 인식시켜야한다. 또한 주민대표나 집행기관들은 자신들의 활동상황을 알려 지역주민들의 지지를 확보해야 하며, 지역 내 개인 및 집단들 간의 갈등과 분쟁을 주민여론과 공익을 바탕으로 조정해야 할 의무가 있다. 따라서 이러한 제반 활동을 원활히 수행할 수 있는 환경을 조성하기 위해서는 기초자치단체에 기반을 둔 지역신문의 존재가 필수적이라고 할 수 있다.

4.1.2 민주주의 장치로서의 필요성

지방자치를 풀뿌리 민주주의 또는 민주주의의 학교라고 하는 바와 같이 지방자치는 민주정치에 있어서 불가결의 요소이며 필수조건이다. 지방분권을 통한 지방자치의 확대는 세방화(glocalization)라는 시대적 요청에 부응하는 것이 된다. 지방분권적 지방자치의 원활한 운영을 위해 지역언론의 활성화는 필수적이다. 지방자치의 기본 사상이 민주주의적 이념과 지방분권을 바탕으로 한다는 점에서 언론 등 정치커뮤니케이션에 의한 여론기능이 제대로 되어있지 않으면, 민주주의적 요소는 상실되는 것이기 때문에 지방적 차원에서의 지역언론의 활성화가 이루어져야 한다(최창섭, 1998, pp. 409-410).

지역언론이 지역사회에서 해야 할 일은 한 국가 내에서 중앙언론이 수행하는 임무의 축소판인 것으로 볼 수 있다. 그동안 권위주의적이고 중앙집권적이며 획일화 된 관치행정의 결과로 정치, 경제, 사회, 문화적 기능이 중앙으로 집중됨에 따라 지역주민의 자치의식이 성장하지 못한 것이 지방자치 실시의 문제점으로 지적되고 있다. 따라서 이러한 문제에 대해 지방자치제도의 시행과 더불어 그 지역사회에서 더 큰 비중을 갖게 될 지역언론에 더욱 적극적인 과제가 부과된다.

첫째. 지역언론의 필요성은 지방적 특수이익의 존중이라는 지방자치의 실시 목적과 긴밀히 연관되어 있다. 즉 지역언론들은 그 지역주민의 이해관계와 욕구를 어떤 중앙언론보다도 잘 인식하고 있기 때문에 그 지역 내에서 종합적인 지역발전에 기여할 수 있다. 이는 지역주민 간에 응집력을 강화하거나 지역문제에 대한 참여도를 제고하는 방법이기도 하다. 또한 지역언론은 지역주민 개개인의 인간적 정체성 추구에 기여하기도 한다. 근대화 과정에서 정치행정 역량이 생산·건설의 양적 확대에 집중되어 왔고 통합적 계량적 지표 속에서 지방의 다양성이나 고유성이 무시되어 왔으며, 나아가 인간성이나 인간존중도 경시되었다. 따라서 지역언론은 지역사회의 발전을 위한 제반 사업에 적극 참여하여 분석하여 검토하고 비판하는 역할을 적극적으로 수행해야 한다. 하지만 역할의 수행 기준은 당연히 인간존중이라는 면에 두어져야 할 것이다(박홍수, 1986, p. 33).

둘째. 지역언론은 지방의회의 거울로서의 역할을 하는 동시에 주민 토론의 장으로 활용되어야 한다. 국정공개의 원칙은 지방자치의 수준에서도 당연히 적용되어야 한다. 지방의 실제적 주인인 유권자들은 그들의 대표자들이 어떠한 결정을 하며 그 결정들이 어떻게 집행되는가를 알아야 한다. 이러한 조건이 실현될 때에만 지역적 차원에서의 여론이 형성될 수 있고 참여와 논의를 통한 주민자치가 가능한 것이다. 그러나 오늘날과 같이 복잡하고 다양하게 변화된 대중화 사회의 환경에서 그 규모는 미미하다 하여도 지역주민이 그 지역에서 발생하는 각종 사건사고 및 활동에 대해 매스컴을 통하지 않고 정보를 획득하여 의견을 형성하기란 쉬운 일이 아니다. 이러한 이유들로 인해 지방의회의 기능과 활동을 신속하고 정확하게 전달하는 지방의회의 거울 역할을 해야 할 의무가 지역언론에 있음은 당연한 결과이다.

더 나아가 지역언론은 적극적으로 지역사회 발전과 연관된 문제점들을 분석, 보도하여 지역주민의 관심을 유발시키고 대안을 모색하는 토론의 장을 제공함으로써 참여민주주의의 이념을 구체화할 수 있다. 특히 지역적인 문제들이 바로 자기의 문제라는 관심을 유발시키고 민주 시민의식을 갖게 하는 것이 지방자치를 성공적으로 이끄는 길이라 하겠다. 이러한 점에서 대중매체의 기능들 가운데 하나인 의제설정효과(agendasettingeffect)에 따라 지역에서 무엇이 문제인가 관심을 유발하고 의견을 수렴하는 토론의 장을 마련할 수 있는 지역언론의 역할은 중요하다고 보아진다.

또 이러한 역할에 대해 액세스(access)권적 논리를 적용해볼 수도 있다. 전통적인 언론의 자유는 정보를 전달하는 언론사측의 자유를 옹호하는 이론을 중심으로 전개되어 왔다. 그러나 사상의 시장원리가 사실상 파괴된 현대에선 공급자가 아닌 수용자측의 자유가 중시되어야만 주민의 알 권리를 충족시킬 수 있게 된다. 대중매체의 조직이 거대해지고 언론시장의 과점화가 진행될 경우 사상이나 의견이 대중매체에 지배당하게 되어 소수자들의 의견이 사회에 널리 전달되기 어렵다. 이러한 상황에선 액세스의 문제가 생기는데 전국적인 대규모 대중매체에서는 수용자가 많기 때문에 언론 현실상 실제적인 액세스권을 행사하기 어렵다.

그러나 지역언론에서는 수용자가 상대적으로 적기 때문에 액세스권의 실현이 전국적 언론 보다는 어느 정도 쉽다고 하겠다. 실제 미국 사례에 나타난 액세스권을 행사한 사건들도 거의가 지방의 소규모 신문사나 방송국 및 학교신문 이었다는 것에서도 유추해 볼 수 있다.

셋째. 문화적인 측면에서 볼 때, 지방자치의 확대는 앞으로 지방문화운동을 촉진시켜 한국문화의 다양성을 확대하는 계기가 될 것이다. 이와 더불어 각 지역언론들은 그동안 이루어져 왔던 서울 중심의 문화집중 현상을 거부하고 서울문화에 대한 사대주의를 탈피하여 지역마다의 문화적 주체성을 획득하려는 보다 적극적인 노력을 촉진시킴으로써 한국 문화의 다양성을 확보하는 데 기여하게 될 것이다.

넷째. 지역언론은 지역의 정치·행정을 비판하고 감시하는 역할을 수행해야 한다. 지방분권적 자치시대에서는 지역의 언론기관도 지방자치단체와 더불어 어떻게 하면 지역이 살기 좋고 풍요롭게 될 것인가를 고민해야 할 것이다. 언론기관은 지자체 홍보에 협력하는 한편 지역주민의 의사를 지자체 행정에 반영하려고 한다. 그러나 여기서 지역언론의 감시·비판기능이 특히 강조되어야 한다. 일반적으로 지역사회는 사회공동체(community)로서 서로 긴밀한 대면적 관계로 얽혀 있을 수 있기 때문이다.

그런데 지방자치단체의 장은 규모가 작다고 해도 권력자라고 할 수 있으며 매스컴 또한 제4의 권력으로 평가되고 있다. 따라서

이 양자가 마음이 맞아 손을 잡으면 가공할 관리사회가 태어날 수도 있다고 우려하기도 한다(최창준, 1984, p. 45).

이제 지방자치제가 시행되고 행정사무의 지방이양에 따라 과거와 비교할 수 없이 많은 권한을 지방자치단체가 수행하고 있다. 만일 지역주민을 대신해 견제와 감시, 합의조정기능을 맡은 언론기관이 행정기관과 야합하여 그 기능을 소홀이한다면 중앙의 감시기능이 약화된 상태에서 많은 문제가 발생할 뿐만 아니라 민주주의의 걸림돌이 될 수도 있다. 따라서 지방자치단체와 지역언론은 견제와 균형의 새로운 긴장관계 속에서 과거 행정기관이 독자적으로 일을 추진하던 중앙집권적 관치시대를 청산하고 지방의회와 함께 능동적 감시. 비판자라는 사명감을 갖고 지역주민의 의사를 수렴하는데 적극적으로 노력해야 할 것이다(김병국, 1997, pp.283-284).

4.2 지역신문과 지방자치단체

4.2.1 지역신문과 주민

대한민국헌법 제117조 제①항에 규정한 바와 같이 지방자치의 가장 근본적인 목적은 지역주민의 복리(wellbeing)를 향상시키는 것이다. 지방자치제도가 풀뿌리 민주주의를 구현하는 장지로서의 기능을 다할 수 있는가의 문제는 시민의 자치역량이 가장 기본적인 관건이 된다. 왜냐하면 시민의 정치역량에 따라 민주주의의 수준이 결정되기 때문이다(이달곤, 2004, p. 80).

이러한 상황에서 지역신문의 역할은 먼저 주민의 역량을 제고하는데 기여해야 한다. 이를 위해서 지역신문은 무엇보다도 지역주민과 밀접한 관계를 형성해야 한다. 지역신문이 지역주민의 삶을 정확히 파악하지 못하고 지역의 정보를 제공할 경우 지역주민들로부터 외면을 받을 것이다. 지역신문이 지역주민과 어느 정도 밀접한 관계를 형성하는가에 따라 정보의 질과 만족도 그리고 지역의 각종 문제점에 대한 해결 대응 능력 그리고 지역신문의 위상도 달라질 것이다.

4.2.2 지역신문과 지방의회

지방의회는 지역 대의기관으로서 조례를 제정하고, 자치단체의 예산규모를 심의 결정하며, 주민의 부담에 관한 사항을 의결하는 등 지역의 기본적이고 중요한 사안들을 심의 결정한다. 그리고 지방의회의 결정한 사항을 집행기관이 잘 처리하고 있는지를 통제하고 감시하는 역할을 한다.

지방의회는 주민을 대표하는 기관으로 가장 중요시되는 것은 그 지역주민들이 원하는 것이 무엇인가를 정확하게 알고 또 알려고 노력하여 지역정책을 결정하는데 주민의 뜻을 반영시키는 것이다(최민수, 1995, p. 44; 변봉주, 2007, p. 55). 이러한 지방의회는 주민대표기관·의결기관·민원 해결기관 등으로서의 역할들을 수행하게 된다. 이와 같은 중요한 여러 가지 역할을 지방의회가 제대로 수행 하는지 지방자치단체의 주인인 지역주민들은 알권리가 있다.

이러한 상황 하에서 지역신문의 역할은 지방의회가 주민의 대표자로서의 역할을 제대로 수행하고 있는지, 감시·감독하여야 한다. 또한 지방의회는 지역주민의 이익 대변을 위해 주민의 목소리에 귀를 기울여야 하며, 무엇보다도 지역의 각종 정보를 인지하고 있어야 한다.

4.2.3 지역신문과 집행기관

지방자치단체의 집행기관이란 의결기관이 지방의회가 결정한 의사에 따라 지방자치단체의 목적을 구체적으로 실현하는 기관임은 앞서 살펴본 바와 같다. 지방자치법상 집행기관은 자치단체의 장을 행정수반으로 하고 부단체장이하 각급 공무원들로 구성된 자치기구를 말한다. 이러한 집행기관이야말로 지방자치의 본질적인 목표인 주민의 복리증진을 구체적으로 실현하는 역할을 하기 때문에 주민들의 이해관계에 직접적인 영향을 미친다. 따라서 집행기관이 주민들의 관심사와 이해관계를 신속하고 정확히 파악할수록 자치의 수준은 향상되고 주민의 삶의 질이 향상될 수 있게 된다.

때에 따라서는 지역신문과 지방자치단체의 자치기구들과의 관계를 부정적으로 보기도 한다. 지역신문이 주민이 선출한 대표자들이 자치단체를 올바로 운영을 하는 지, 주민이 납부한 세금이 올바로 사용되는지에 대해 감시하고 비판하는 것은 지역주민의 알권리를 찾아주려는 당연한 역할이다.

지방자치단체의 기관들이 지역문제들을 파악하여 직접 조사하고 해결하는 데에는 시간과 비용이 많이 소요된다. 하지만, 지역신문은 본질적 특성 가운데 하나인 지역주민과의 밀접한 관계를 통해 보다 쉽고 빠르게 정보를 얻을 수 있으며, 이를 보도하여 지방자치기관들이 보다 신속하게 대응하여 해결할 수 있도록 한다(변봉주, 2007, p. 58).

4.3 지방자치시대와 지역신문의 역할

일반적으로 지방자치시대 지역신문의 역할은 지역주민의사의 결집을 비롯해 지방의정의 홍보와 감시, 지방행정의 정보공개, 시민과 시민단체의 연결 등 네 가지로 구분하여 고찰할 수 있다(이종갑, 2007, pp. 16-24).

4.3.1 지역주민의사의 결집

지방자치를 통해 풀뿌리 민주주의를 구현하기 위해서는 시민의 정치·행정 참여가 폭넓게 보장되어야 한다. 시민참여는 다양한 수단과 방법을 통하여 해당 정책으로부터 영향을 받는 비전문가로서의 시민이 그 정책결정 과정에 참여하여 자신들의 의사를 반영하는 과정을 뜻한다. 그러나 일반적으로 참여의 과정에서는 사회적으로 힘 있는 자들의 이해관계가 지배하고 있다는 비판을 받는다. 따라서 사회적으로 소외된 약자들의 자발적·직접적·실질적 의사 반영이 가능해질 수 있는 장치의 마련이 필요하다는 주장이 대두되기도 한다(이달곤, 2004, p. 85).

주민참여에 있어서 주민은 정책결정자들에게 영향을 미치기 위해 활동하는 참여의 주체라 할 수 있다. 그러나 실제적으로 주민들은 삶의 현장에서 바쁜 생활을 영위하고 있으며, 행정에 필요한 전문적인 기술을 가지고 있지 못한다. 또한 민주시민으로서의 주인의식과 책임의식이 약하기 때문에 직접적인 이해관계가 없는 한 적극적으로 공적인 사안에 참여할 것을 기대하기는 어렵다. 이러한 관점에서 볼 때 지역신문은 정치, 경제, 사회, 문화 등 여러 분야를 취급할 수 있어야 한다. 그리고 각 분야별 기사는 독자에게 교육의 효과를 가지고 있는데, 이는 신문을 통해 주민의 역량을 제고시킬 수 있는 가능성을 지니고 있기 때문이다.

아울러 지역신문이 주민의 역량 교육 제고와 함께 정부의 행정, 정치적 관심을 제고시킬 경우 주민의 참여도는 자연스럽게 제고될 것이다. 이러한 점들을 고려하여 지역신분이 지역주민들의 생활에 필요한 자료와 정보를 입수하여 지역의 각종 문제점, 해결책 등을 제시할 경우 지방정부 또한 그 지역의 정보를 인지하고 정책에 반영하는 등 지역주민 생활에 긍정적인 영향을 미칠 것이다.

4.3.2 지방의정의 홍보와 감시

주민대표기관으로서의 지방의회를 가장 중요시하고 있는 것은 지방의회가 지역주민들이 원하는 것이 무엇인가를 정확하게 파악하고 지역의 공공정책을 결정하는데 주민의 의사를 반영하는 역할을 담당하기 때문이다(최민수, 1995, p. 44).

그러나 현재 지방의회에 대한 지역언론의 시각은 긍정적이라기 보다는 부정적인 경향이 높은 것이 사실이다. 이는 지역여론의 반영보다는 지방의원 각자의 이해관계에 따라 지역행정에 대한 심의가 전개되고 아울러 함량미달이나 부족한 자질을 가지고 있는 의원들도 비일비재하단 점이 불신의 원인으로 자리잡고 있음은 주지의 사실이다. 또한 지역언론의 편파보도나 왜곡보도 등도 지방의회에 대한 불신임을 조장하는 일부 요인으로 작용하고 있는 것으로 보고 있다(김세철, 1995, p. 83).

따라서 지역신문은 주민의 대표기관으로서 대표자의 역할을 잘 하고 있는지를 감시·감독하여야 한다. 대표자 즉, 지역주민들의 선거에 의해 선출된 의원들이 모여 의회를 구성하는데, 이는 지역주민들은 대표자들이 지역발전을 위해 어떠한 운영을 하고 있는지 상세히 알 권리가 있으며, 이를 쉽고 빠르게 접근할 수 있는 방법 가운데 하나가 바로 지역언론을 통해서 가능하다. 또 지역 주민은 선거를 통해서만 대표자들을 통제할 수 있지만 지역신문은 상시적으로 지역주민들을 대신하여 감시·감독하여 보도함으로써 견제자의 역할을 수행할 수 있다(이종갑, 2007, p. 19).

한편 지방의회는 주민이 원하는 것이 무엇이고, 그 지역의 이익이 무엇인가를 정확히 파악하고 이를 자치단체의 의사결정에 반영하도록 노력해야 한다(김세철, 1995, p. 57). 이를 위해서는 먼저 주민들의 목소리를 신중하고도 가감 없이 경청해야 하며, 아울러 지역의 정보를 세세하게 파악해야 할 필요성이 있는데 이러한 정보를 제공하는 역할을 지역언론이 담당하고 있다.

4.3.3 지방행정의 정보공개

지역의 주권자인 주민은 자치행정 정보에 관하여 알 권리가 있는데, 이는 헌법상으로 보장된 당연한 권리인 것이다. 현재 대부분의 지방자치단체가 조례로 정하고 있는 지방행정정보공개 제도는 주권자의 지위를 확실하게 하는데 기여하고 있다. 뿐만 아니라 행정정보공개제도는 행정기관 내부의 의식개혁을 촉진시킬 수 있으며, 주민참여를 확대하고 유도할 수 있는 핵심적인 제도라고 할 수 있다.

지역신문은 지방자치단체와 지역주민간의 교량역할을 하는 동시에 지역주민을 대변하여 지방자치단체를 비판·감시하고, 지역 정보를 자치기구에 제공하는 역할을 해야 한다. 한편으로 지역신문은 지방행정의 독선화의 방지를 위해서도 중요한 역할을 수행한다. 현대행정은 행정의 전문화, 기술화가 그 특징이라 할 수 있다. 따라서 행정에 대한 전문적인 지식과 기술을 보유하고 있는 행정관료에 의한 행정의 독선화 여지는 그만큼 크다고 할 수 있다.

따라서 지방행정에 대한 지역신문의 감시와 통제가 제도화됨으로써 지방관료에 의한 독선적 행정의 위험을 방지할 수 있으며, 지방자치단체의 입장에서도 정치적, 행정적 과오를 시정하는 계기가 될 수 있으며, 또한 독선적 운영에 제동을 가할 수 있을 것이다(이종갑, 2007, pp. 20-21).

4.3.4 시민과 시민단체의 연결

일반적으로 지역의 시민단체는 직능단체[17]와 일반시민단체 즉, NGO[18]가 대표적이다.

직능단체의 활동은 지역사회와 밀접하게 연관되어 있다. 지역신문은 직능단체의 활동을 지역주민에게 밀착 보도함으로써 지역주민들의 생활에 양질의 정보를 제공할 수 있다. 지역주민이

---

17 직능단체는 직업이나 직능, 지위별로 조직된 단체 또는 동일한 목적을 바탕으로 활동하는 단체를 의미한다.
18 NGO(Non-Governmental Organization)는 정부 내 혹은 정부 간 협정에 의해 설립되지 않고 비영리(Non-Profit)를 목적으로 활동하는 단체를 의미한다.

지역신문을 통한 직능단체의 정보를 통해 이들 단체에 대해 관심을 가지게 될 경우, 직능단체의 활동은 더욱 활성화 될 수 있을 것이다. 또한 지역신문도 이러한 양질의 정보제공으로 인하여 지역주민과 더욱 근접해 질 수 있는 하나의 요소가 될 수 있을 것이다. 즉, 지역신문과 직능단체는 서로 밀착하는 유기적인 관계를 구축할 필요가 있다.

한편 지역NGO는 지방정부의 공공재(public goods) 생산 및 서비스 제공에 협력함으로써 지방정부의 행정효율성을 극대화시키는데 중요한 역할을 할 수 있다. 지역NGO는 자신들이 정책입안과정에서 영향을 끼친 사안이든 그렇지 않은 사안이든 간에 협조를 함으로써 지역사무에 대한 폭넓은 전문성을 키울 수 있다. 또한 지역정부의 정책집행과 과정을 감시, 견제하는 기능을 수행할 수 있다(박덕기, 2004, p. 147).

4.4 선행연구의 검토

언론의 정치발전 전반에 관한 연구는 지속적으로 다양하게 진행되어 왔으나 지역언론, 특히 지역신문이 지방자치 발전에 미치는 영향이나 지방자치 발전 기여도 등에 관한 실증적이고 체계적인 연구는 없는 상태이다.

따라서 이 분야에 관한 연구는 언론학계 일부 학자들이 언론학적인 측면에서 고찰한 '지역사화와 언론'이나 '지방자치와 지역언론'등에 관한 몇 편의 '논문모음집' 등이 있을 뿐 본 연구에서와 같은 실증 분석 연구는 전혀 없는 실정이다.

이태열(2010)은 대구지역 신문사 기자 220명을 대상으로 빈도분석과 t-검정, 분산분석을 실시하여 지방자치시대 지역언론의 경쟁력 확보 방안에 대한 결과를 발표하였다. 연구 결과 정책 제언으로 ①신문의 정체성 강화, ②수용자 맞춤형 지면 제작, ③경쟁지 지면 분석 및 벤치마킹 필요, ④합리적 경영시스템 도입 필요, ⑤비독자 유인책 마련, ⑥지역신문의 사업다각화 필요 등을 주장하였다. 유영돈(2010)은 대전·충남지역 지역신문 수용자 176명을 대상으로 지역신문에 대한 지역민의 이용과 충족에 관한 연구를 실시했다. 연구 결과 지역신문의 개선점과 활성화 방안으로 ①순수한 지역지 추구, ②세분화 된 증면 고려, ③동정면 활성화, ④신문제작에 다양한 인사 참여, ⑤기자의 전문성 확보, ⑥생활정보 및 문화정보 강화 등을 제시하였다.

변봉주(2007)는 지방자치 발전을 위해서 지역신문은 지방자치단체와의 관계(지방의회와의 관계/ 집행부와의 관계), 지역단체 및 타 언론과의 관계, 지역신문의 법적·제도적 지원 방안 등을 제시하였다. 첫째, 지방의회와의 관계- ①정보제공량 확대, ②신문의 지도적 기능 강화, ③지역신문 간 연대 통한 의견교환과 공동연구 통한 결함 보완 둘째, 집행부와의 관계- ①견제와 비판, 정보기능을 위한 정확한 보도 셋째, 주민과의 관계-①주민참여 독려, ②생활정보란 확대 등 넷째, NGO와의 관계- ①공동감시자로서의 역할 수행 다섯째, 직능단체와의 관계- ①교류 필요, ②밀착관계 유지로 긍정적 지지 획득 여섯째, 중앙신문·지역방송과의 관계- ①다양한 지역정보 제공, ② 지역밀착 소재와 형식으로 지역주민 욕구 충족 방안 강구 등을 제시하였다. 특히, 지역신문지원의 법적·제도적 지원 방안으로 ①지역신문에 대한 차별적 규제 개정, ②건전 지역신문 대상 중앙정부 및 지방자치제 광고 우선 배정, ③부처간 협력 강화 등을 제시하였다.

이종갑(2007)은 지방자치의 발전을 위한 지역신문의 역할에 있어서 지역신문의 제약점으로 ①정치적 통제와 관여, ②재정구조의 취약과 경영난, ③사회적 인식의 부족, ④지역 언론기능의 취약과 주민참여의 부족을 지적하였다. 지역신문의 역할제고 방안으로는 ①지역신문의 정체성 확립, ②지역 독자의 선호도 반영, ③지방행정의 공정한 감시자 역할 강화, ④정보와 교류의 네트워크 기능 강화를 제시하였다.

고재석(2006)은 지방자치와 지역언론의 발전 과제로서 ①신문의 정체성 강화, ②토털마케팅체제 구축, ③전략경영체제의 구축, ④공정관리 및 제작능력의 향상을 제시했다. 또한 지방자치의 필수요소인 지역언론을 활성화시키기 위해서는 지역언론에 대한 관련기관의 지원정책 마련과 학계와 후원단체의 지원 분위기가 형성되어야 한다고 주장하였다. 장호줄(2005)은 지방분권시대 지역언론의 발전을 위한 방안으로 ①지역주민에 밀착, ②전문성 제고, 유능한 인재확보, ③자정능력 및 책임과 윤리의식 함양, ④일간지와 차별화 전략, ⑤다양한 광고의 개발, ⑥언론활동과 사회·문화운동의 연계, ⑦종사자들의 처우개선 및 사명감 고취 등을 제언했다.

권오인(2003)은 충남도내 거주하는 주민 238명과 기자 69명 등 307명을 대상으로 설문지법과 인터뷰를 실시해 지방자치시대에 지역신문이 지역발전에 미치는 영향을 연구하였다. 연구 결과 지역신문의 가장 중요한 기능으로 지역의 정보제공과 지역발전 제시를, 지역신문 기자의 역할은 지역주민의 이익 대변으로 꼽았다. 이를 토대로 지역신문의 발전방안으로 첫째, 지역신문 내적인 측면에서 ①저널리스트(journalist)의 의식 전환, ②지역특성에 맞는 보도, ③경영의 합리화, ④유능한 저널리스트 육성을 둘째, 주변환경과 관계 측면에서 ①지역주민의 참여기회 제공, ②제도권 정책과정 참여 셋째, 법적·제도적 측면에서 ①정부의 지원·보조, ②법률적 개선을 제시하였다.

남호윤(2002)은 메시지 내용을 분석하는 체계적인 방법인 내용분석을 통해 지방정부와 관련된 사설 425건(매일신문 190건, 대구일보 235건)을 최종 분석 대상으로 선정하여 지방자치제 실시 전·후의 지역신문 간의 관계변화를 분산분석(ANOVA)과 교차분석을 통해 조사하였다. 분석 결과 지방자치제 실시 이후 지역언론의 편집방향이 지역기사 중심으로 바뀌고 지방정부가 홍보에 신경을 쓰고 있으며, 지방정부와 지역신문의 가장 바람직한 관계를 견제적 관계 또는 공생적 관계로 보았다. 신재돈(2001)은 목포시 공무원 300명을 대상으로 빈도분석과 교차분석을 통해 지방자치와 지역언론의 관계에 대한 실증적인 분석을 실시해 결과를 발표했다. 분석 결과 정책제언으로 ①기자의 공개채용, ②기자실 폐쇄, ③예산 특혜 폐지- 스스로 경영개선 노력 필요, ④언론에 의한 피해 처벌하는 사회분위기 조성 필요 등을 제시하였다.

한편 선행연구들은 다음 〈표 Ⅱ-8〉과 같이 요약할 수 있다.

〈표 Ⅱ-8〉선행연구 요약

연구자	연도	구 분	연구내용
이태열	2010	학위논문	-분석대상 : 220명(대구지역 신문기사) -연구방법 : 빈도분석, t-검정, 분산분석 -연구결과 : 신문의 정체성 강화/수용자 맞춤형 지면 제작/경쟁지 지면 분석 및 벤치마킹 필요/합리적 경영시스템 도입 필요/비독자 유인책 마련/지역신문의 사업 다각화
유영돈	2010	학술논문	-분석대상 : 176명(대전·충남지역 지역신문 수용자) -연구방법: 신문이용 동기와 만족도에 대한 설문조사 -연구결과 : 순수한 지역지 추구/세분화 된 증면 고려/동정면 활성화/신문제작에 다양한 인사참여/기자의 전문성 확보/생활정보 및 문화정보 강화
변봉주	2007	학위논문	-분석대상 : 지방자치 발전을 위한 지역신문 역할 제고 방안 -연구방법 : 문헌고찰 -연구결과 : ①지방의회와의 관계-정보제공량 확대/신문의 지도적 기능 강화/지역신문 간 연대를 통한 의견교환 및 공공연구 통한 결함 보완, ②집행부와의 관계-견제와 비판, 정보기능 위한 정확한 보도, ③주민과의 관계-주민참여 독려/생활정보란 확대, ④NGO와의 관계-공동감시자로서의 역할 수행, ⑤직능단체와의 관계-교류 필요/밀착관계 유지로 긍정적지지 획득, ⑥중앙신문·지역방송과의 관계-다양한 지역정보 제공/지역주민 욕구 충족 방안 강구
이종갑	2007	학위논문	-분석대상 : 지방자치 발전위한 지역신문의 역할 -연구방법 : 문헌고찰 -연구결과 : 지역신문의 정체성 확립/기자 도제식 신문교육 운영/지방행정의 공정한 감시자 역할 강화/정보와 교류의 네트워크 기능 강화
고재석	2006	학위논문	-분석대상 : 지방자치와 지역언론의 발전 과제 -연구방법 : 문헌고찰 -연구결과 : 신문의 정체성 강화/토털마케팅체제 구축/전략경영체제의 구축/공정관리 및 제작능력 향상

장호출	2005	학위논문	-분석대상 : 지방분권시대 지역언론의 발전 방안 -연구방법 : 문헌고찰 -연구결과: 지역주민에 밀착/전문성 제고, 유능한 인재확보/자정능력 및 책임과 윤리의식 함양/일간지와 차별화 전략/다양한 광고 개발/언론활동과 사회문화운동의 연계/종사자들의 처우개선 및 사명감 고취
권오인	2003	학위논문	-분석대상 : 307명(충남도내 거주 주민 238명/ 기자 69명 -연구방법 : 설문지법과 인터뷰 -연구결과 : ①내적인 측면-저널리스트의 의식 전환/지역특성에 맞는 보도/경영의 합리화/유능한 저널리스트 육성, ②주변환경 측면-지역주민 참여 기회 제공/세도권 정책과정 참여, ③법적·제도적 측면-정부의 지원·보조/법률적 개선
남호윤	2002	학위논문	-분석대상 : 지방정부 관련 신문 사설 425건 -연구방법 : ANOVA분석과 교차분석 -연구결과 : 지방자치제 실시 이후 지역언론의 편집방향이 지역시사 중심 전환/지방정부 홍보 주력/견제적·공생적 관계
신재돈	2001	학위논문	-분석대상 : 300명(목포시 공무원) -연구방법 : 빈도분석과 교차분석 -연구결과 : 기자 공개채용/기자실 폐쇄/예산 특혜 폐지/언론 피해 처벌하는 사회분위기 조성

이와 같이 지방자치시대에 지역신문의 역할에 대해 연구자들은 공통적으로 몇 가지 방안들을 제시하였다. 첫째, 지역신문의 정체성이 확립되어야 하며 둘째, 동정란 확대와 생활정보, 문화정보 등 지역 독자(수요자)를 대상으로 맞춤형 지면제작이 필요하며 셋째, 지역신문은 지방행정의 감시자 역할에 충실해야 하며 넷째, 자치단체와 지역사회 등과의 정보와 교류의 네트워크를 강화해야 한다고 주장하였다.

이상에서 고찰한 선행연구들을 고찰해 볼 때 지역신문이 지역을 대표해 자리매김을 하기 위해서는 지역민과 함께하고 그들을 대변해 주는 역할을 해야 함이 지역신문의 사명이자 생존의 지름길이라고 할 수 있다. 특히, 지방자치시대를 맞이하여 지역신문의 역할 중요성에 대해서는 대체적으로 공감하고 있음을 인식할 수 있다.

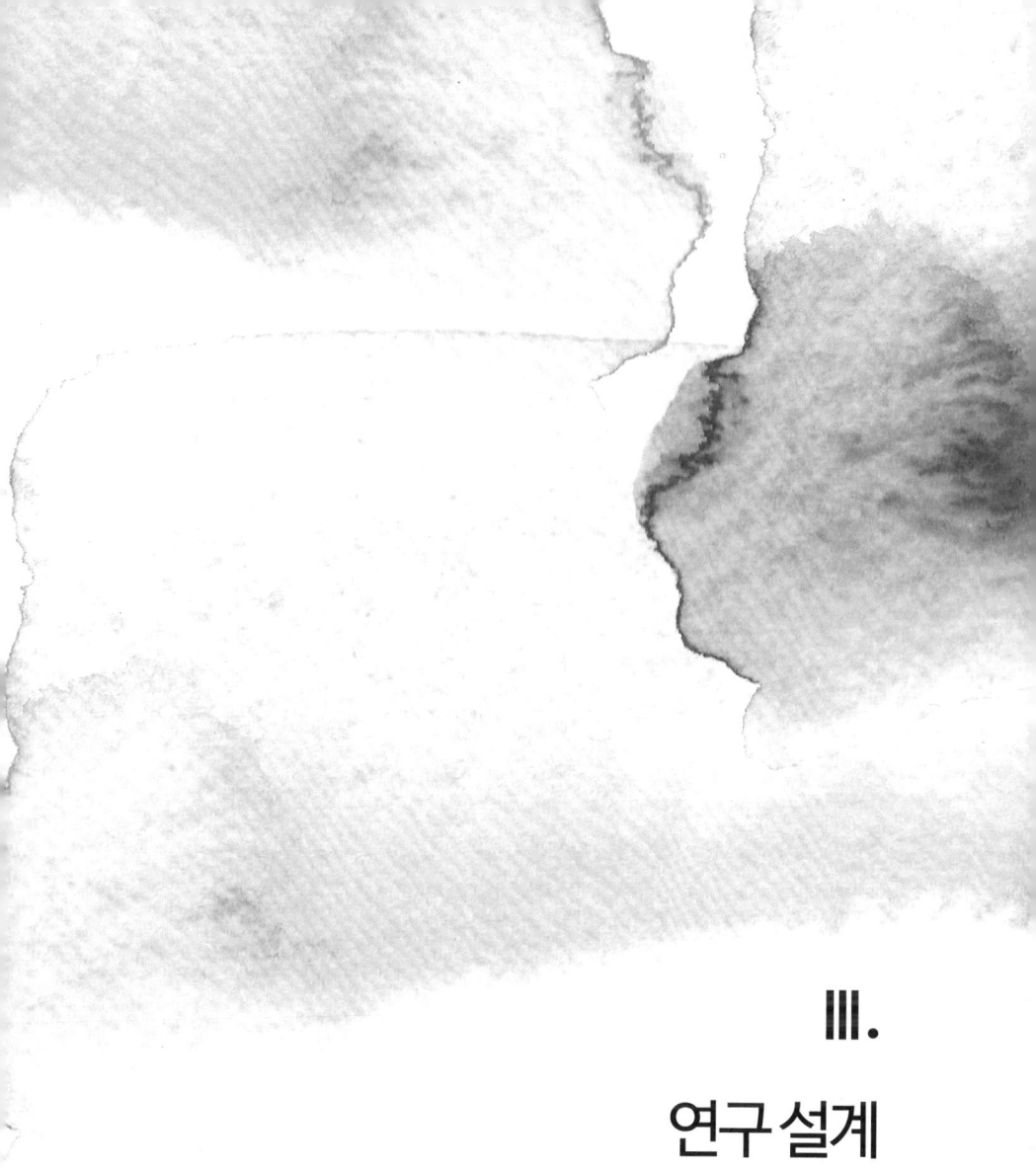

III.
연구 설계

1. 연구모형 및 가설의 설정
2. 설문지 구성
3. 표본의 설계 및 분석방법

1. 연구모형 및 가설의 설정

1.1 연구모형

본 연구에서는 민주주의 국가사회에서 지역신문과 지방자치 발전간에 상호연관성이 있음을 입증하는데 목적을 두었다. 이러한 목적을 달성하기 위해 지역신문의 기능과 역할을 독립변수로 하고 지방자치의 발전을 종속변수로 하였다. 지방자치의 발전지표는 지방자치의 정치적 효용성, 행정적 효용성, 사회경제적 효용성 등으로 구분하여 발전지표를 선정하였는바, 이를 모형으로 제시하면 〈그림 Ⅲ-1〉과 같다.

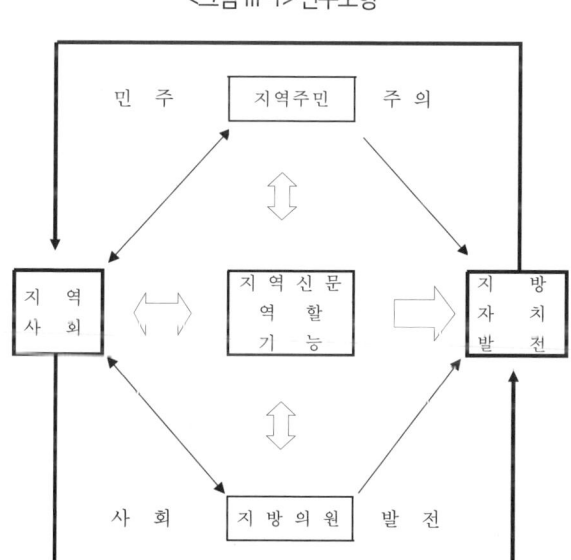

〈그림 Ⅲ-1〉 연구모형

1.2 지방자치의 효용과 발전지표

지방자치의 효용이란 지방자치를 통해 결과적으로 얻을 수 있는 것, 즉 지방자치의 효용가치를 의미한다(강용기, 2014, pp. 60-67). 본 연구에서는 지방자치의 효용을 정치적 측면, 행정적 측면, 사회·경제적 측면으로 구분하여 고찰하고자 한다.

한편 지방자치의 발전지표는 지방자치를 통해서 달성해야 할 바람직한 목표와 방향(김종수, 2008, pp. 123-126)이라고 할 수 있는데, 여기서는 지방자치의 세 가지 효용과 연결하여 기존의 연구와 차별화를 기하고자 한다.

1.2.1 정치적 효용과 발전지표

지방자치의 정치적 효용은 다음과 같이 주민의 자유권 보호를 비롯하여 주민 참여기회 확대, 주민요구에 대응하는 정치·행정체제의 구축, 민주주의 훈련과 교육기회 제공, 권력가치의 사회적 배분효과, 지역중심적 행정지향으로 구분할 수 있다.

지방자치는 분권화의 방법을 통해 중앙에 집중된 권력을 지방에 분산시켜 줌으로써 절대 권력의 남용을 방지하며, 궁극적으로 주민의 자유(liberty)를 보호한다. 지방자치는 중앙에 집중된 권력을 지방에 분산시킴으로써 권력의 집중과 남용을 방지하고, 실질적으로 주민이 주인인 정치, 국민주권(of the people)의 원리를 지방 차원에서 실시하는데 기여한다고 본다.

지방분권은 지역주민의 권력욕구를 충족시킬 수 있다. 인간의 다양한 욕구 중에 권력에 대한 욕구는 원초적인 것으로 볼 수 있다. 사람들은 자신의 의사가 반영되고, 자신의 뜻을 관철시킬 수 있는 지위에 오르고자 하는 권력 욕구가 있다. 지방자치는 이러한 지역주민의 권력욕구를 적절하게 충족시켜 줌으로써 권력가치의 사회적 배분을 통한 안정에 기여한다.

또 일반 국민의 참여를 토대로 운영되는 민주주의를 가장 이상적인 형태의 풀뿌리 민주주의(grass-root democracy)라고 부른다.[19] 지방자치는 주민이 지역의 주권자로서 지방사무의 의사결정에 참여하는 기회를 부여하게 된다. 이를 통해 풀뿌리 민주주의가 가능해지며, 국민에 의한 정치(by the people)의 민주주의 이상을 실현한다. 지방자치는 이러한 풀뿌리 민주주의를 실현하는 기본적인 제도로서의 기능을 수행한다.

민주주의 정치체제 가운데 국민이 정치에 참가하는 틀이 원활이 기능하기 위해서는 국민이 그 주역이라는 정신을 지니지 않으면 안된다. 정치참여라는 점에서 국정과 지방자치를 비교해 보면 국민에게 국정은 요원하고 매우 이해하기 어려운 반면에 지방정치는 가깝고 이해하기 쉽다. 따라서 일반 국민의 경우에는 국

---

19 결국 주민 참여는 공적권한을 갖지 않는 주권자로서의 주민이 자신들에게 영향을 주게 될 공공기관 및 정책과정 전반에 참여하여 정부와 주민 간에 나타날 수 있는 의사소통의 불합리성을 개선하고 민주주의적 정치 가치를 구현하는 과정이라 할 수 있다(안봉식·강동식·원구환, 2000, p. 136).

정의 참여에 비해 지방자치의 참여가 용이하다. 결국 지방정치에의 참가를 통해 민주주의의 담당자로서의 자질을 갖추게 된다(秋本民文·田中宗孝, 1978, pp. 4-11; 안용식·강동식·원구환, 2000, pp. 24-29).

이러한 점에서 지방자치는 민주주의를 가르치는 정치적 교육(political education)의 장으로서 역할을 할 수 있다. 자기가 사는 지역에서 자신들의 문제를 자신들이 결정해 나가고 처리해 간다. 이 과정에서 주민주권, 다수결의 원리, 소수의견의 존중, 권리와 책임 등과 같은 민주주의 이념과 방법을 습득하게 되고, 실습을 하게 된다. 브라이스(James Bryce)는 "지방자치는 민주주의의 가장 훌륭한 학교(the best school of democracy)이며, 민주주의의 성공을 위한 가장 큰 보장(the best guarantee)이다"고 표현했다(Bryce, 1921, pp. 131-133; 강용기, 2014, pp. 62-63 재인용).

1.2.2 행정적 효용과 발전지표

지방자치의 행정적 효용이란 지방자치를 통해 행정적 측면에서 얻을 수 있는 유용성을 의미한다. 지방자치는 국가와 지방자치단체 간에 행정사무의 지방분권화를 통해 지방행정 서비스 관리의 전문성과 능률성 그리고 적합성을 확보할 수 있게 한다(강용기, 2014, p. 63). 지방자치제도는 중앙과 지방정부 간 적절한 업무의 분업화를 통해 지방 업무의 전문적 효율적 처리를 가능하게 한다. 이러한 업무 분업화와 전문화를 통해 행정 대응성과 효율성을 향상시킬 수 있는 것이다.

지방자치시대에는 주민이 중심이 되어 지역의 실무를 처리하게 되므로 지역의 실정에 맞는 업무 처리를 할 수 있게 되어, 동일 비용으로 더 많은 주민의 만족을 제공할 수 있는 성과를 낼 수 있게 된다. 지방자치를 실시하지 않던 시대에는 전국적인 기준에 맞춰 지방의 조직이 획일적인 기준으로 편성되었고, 지방행정 업무역시 획일적으로 추진되었다. 그러나 지방자치시대에는 지역주민들의 선호와 의견을 토대로 합목적적이고 효과적인 지방행정을 수행할 수 있게 해준다.

한편 중앙정부 자체의 행정효율을 고려하더라도 지역적이고 구체적 일선행정의 처리까지 중앙정부가 관여하기 보다는 이를 지방자치단체에 맡겨 중앙정부의 부담을 감소시키는 것이 바람직하다. 본래 중앙정부는 자신이 조사·연구하여 결정할 제도의 기본적 사항에만 전념하는 것이 정치행정의 분담 형태로서도 능률적이라 할 수 있다. 이는 곧 국가와 지방자치단체 간의 기능 분담에 의한 행정의 합리화를 의미한다(秋本民文·田中宗孝, 1978, pp. 4-11; 안용식·강동식·원구환, 2000, pp. 24-29).

자치적 지방정부는 국민에 대하여 책임지려하지 않고 상사나 상급기관에 대해서만 책임을 지려는 관치행정 현상을 척결하고 고객 중심적 지방행정을 지향할 수 있다. 고객 중심적 지방행정이란 지역주민에 대하여 실제적 이익을 제공하는 행정으로서 주민본위의 행정을 의미한다(김영철, 1995, p. 293). 지방행정은 주민의 복지실현과 민주적인 봉사가 주어진 지상과제이므로 관 위주의 획일적인 규제가 아니라 주민위주의 고객 중심적 행정이 요구된다.

지방자치시대에서 주민은 지방의 공공서비스를 구매하는 고객이며 소비자이다. 지방공공서비스의 소비자인 유권자(consumer-voters)는 단체장이나 의회 의원을 선택할 때 그들이 제공할 수 있는 공공서비스의 내용과 품질에 관심을 가지게 된다. 이 과정에서 후보자들 간의 경쟁이 이뤄지고, 결과적으로 주민에게 제공되는 공공서비스의 품질은 향상된다.

지방자치에 의한 행정은 직접적인 주민통제가 용이하고 주민의 대표자인 지방의회는 물론 언론에 의한 감시도 구체화·세분화될 수 있어 중앙정부의 일선지방기관에 의한 행정에 비해 더 많은 통제력을 확보할 수 있다. 따라서 지방자치행정의 수행에 있어서 관료주의적 폐해를 방지하고 공정성의 확보나 무사안일의 배제 등을 통하여 대민행정의 수준을 향상시킬 수 있게 된다.(秋本民文·田中宗孝, 1978, pp. 4-11; 안용식·강동식·원구환, 2000, pp. 24-29).

구체적인 행정의 집행을 고려하더라도 지방자치단체에 의한 행정처리는 국가에 의한 경우보다 종합적인 배려가 가능해질 수 있다. 지방자치단체는 지역행정을 종합적으로 파악하여 지역주민의 생활을 전체적으로 향상시킬 책무가 있고, 집행체제에서도 의회의 감시 하에 자치단체 장이 일원적으로 행정을 통합할 수 있다. 따라서 지방자치는 중앙정부에 의한 일선행정이 수행할 수 없는 종합적인 배려가 행해질 수 있고 또 통합적인 조정을 수행하기 쉬운 여건을 지니고 있다(秋本民文·田中宗孝, 1978, pp. 4-11; 안용식·강동식·원구환, 2000, pp. 24-29).

행정의 내용면에서 볼 때 지방자치는 직접적인 이해관계를 지닌 주민의 참여와 합의에 의한 행정을 추진함으로써 주민들의 절실한 욕구에 대응하기 위한 다양한 창의성을 기대할 수 있으며, 이를 통해 지방행정의 민주적, 기술적 수준이 향상되게 된다(秋本民文·田中宗孝, 1978, pp. 4-11; 안용식·강동식·원구환, 2000, pp. 24-29).

1.2.3 사회·경제적 효용과 발전지표

지방자치의 사회·경제적 효용성은 지방의 정체성과 다양성 확보를 비롯하여 지역의 공동체 형성, 수익창출형 행정지향 등을 들 수 있다.

지방자치가 실시되기 이전의 지방은 자기 주체성이 없는 중앙의 종속적 존재에 불과했다. 그러나 자치시대의 지방은 자신의 고유성 혹은 정체성(identity)을 확보하고 유지할 수 있게 된다. 지방자치의 과정 속에서 지방의 가치가 새롭게 발견되고, 지역문화와 전통은 새롭게 조명되고 의미를 부여받게 되는 것이다. 이 과정

속에서 지역적인 것, 지방적인 것의 가치가 존중되고, 지역의 전통 문화나 유산 등이 발굴되고 발전될 수 있는 여건이 마련된다.

지방자치는 주민들의 노력으로 스스로의 운명을 개척하는 작업이다. 따라서 주민들 간에는 공동체 운명의식, 우리 의식, 애향의식이 형성된다. 서로 상부상조하고 협조해서 지역사회를 발전시키며, 지역의 번영을 가져올 수 있도록 같이 노력하게 된다. 그럼으로써 공동의 운명체로서 지역 주민 간에 일체감이 형성되고, 주민 상호 간 협동과 협조의 정신이 생성된다.

지방자치시대는 주민들은 지역의 경제발전과 주민 소득증대를 위해 많은 노력을 기울이게 되고, 이러한 과정 속에서 지역경제가 활성화된다. 지역 소득증대를 위한 특산품 개발, 지역의 관광 특산물 개발 등이 대표적인 사례이다.

지방행정이 추구하는 목표를 달성하기 위해서는 적절한 시기에 충분한 재원의 공급이 있어야 한다. 중앙정부에 의한 관치적 지방행정체제에서는 중앙의 재정지원에 의존해 지방행정의 목표달성을 추구하나, 지방분권을 통한 자치적 지방행정의 경우에는 재원조달의 일차적 책임이 지방정부 즉 지방자치단체에 있다. 만일 재원의 부족을 이유로 소극적인 현상유지에 급급해 한다면, 지방자치제도는 의미가 없게 되고 지방정부는 도태될 것이다. 따라서 자치단체들이 시장지향성을 갖고 수익창출에 나설 때에 자치정부와 지방자치제도가 그 존재가치를 인정받게 될 것이다(김종수, 2008, p. 126). 그리고 이러한 수익창출형 행정 지향의 대표적인 경우가 지방공기업의 효율적인 운영이라고 볼 수 있다.

이상과 같은 지방자치의 효용과 발전지표를 나타낸 것은 〈표 Ⅲ-1〉과 같다.

<표 Ⅲ-1> 지방자치의 효용과 발전지표

지방자치의 효용성	지방자치의 발전지표
정치적 효용	주민의 자유권 보호 주민참여기회의 확대 주민 요구에 대응하는 정치·행정체제 구축 민주주의 훈련과 교육 권력가치의 사회적 배분
행정적 효용	지방사무 처리의 전문성·능률성 확보 지역실정에 적합한 업무처리 공공서비스의 품질향상 종합적·통합적 지역행정의 추진 창의적·실험적 행정의 확대 주민통제의 확대
사회·경제적 효용	지역의 정체성과 다양성 확보 지역 공동체 형성 지역경제의 발전

1.3 가설의 설정

본 연구에서는 지역신문이 지방자치 발전에 미치는 영향 요인을 알아보기 위해 다음과 같은 가설을 설정하였다.

가설 1. 지역신문의 기능(보도적 기능, 지역운동 기능, 생활서비스 기능, 공동체의식 회복 기능, 대안언론기능, 오락적 기능, 광고적 기능)은 지방자치의 발전에 정(+)의 영향을 미칠 것이다.

1-1. 지역신문의 기능(보도적 기능, 지역운동 기능, 생활서비스 기능, 공동체의식 회복 기능, 대안언론기능, 오락적 기능, 광고적 기능)은 정치적 효용에 정(+)의 영향을 미칠 것이다.

1-2. 지역신문의 기능(보도적 기능, 지역운동 기능, 생활서비스 기능, 공동체의식 회복 기능, 대안언론기능, 오락적 기능, 광고적 기능)은 행정의 효용에 정(+)의 영향을 미칠 것이다.

1-3. 지역신문의 기능(보도적 기능, 지역운동 기능, 생활서비스 기능, 공동체의식 회복 기능, 대안언론기능, 오락적 기능, 광고적 기능)은 사회·경제적 효용에 정(+)의 영향을 미칠 것이다.

가설 2. 지역신문의 역할(정치적 역할, 경제적 역할, 사회적 역할, 문화적 역할)는 지방자치의 발전에 정(+)의 영향을 미칠 것이다.

2-1. 지역신문의 역할(정치적 역할, 경제적 역할, 사회적 역할, 문화적 역할)는 정치적 효용에 정(+)의 영향을 미칠 것이다.

2-2. 지역신문의 역할(정치적 역할, 경제적 역할, 사회적 역할, 문화적 역할)는 행정의 효용에 정(+)의 영향을 미칠 것이다.

2-3. 지역신문의 역할(정치적 역할, 경제적 역할, 사회적 역

할, 문화적 역할)는 사회·경제적 효용에 정(+)의 영향을 미칠 것이다.

가설 3. 지역주민과 지방의회의원은 지역신문의 기능(보도적 기능, 지역운동 기능, 생활서비스 기능, 공동체의식 회복 기능, 대안언론기능, 오락적 기능, 광고적 기능)과 역할(정치적 역할, 경제적 역할, 사회적 역할, 문화적 역할), 지방자치의 발전에 대해 인식의 차이를 보일 것이다.

   3-1. 지역주민과 지방의회의원은 지역신문의 기능(보도적 기능, 지역운동 기능, 생활서비스 기능, 공동체의식 회복 기능, 대안언론기능, 오락적 기능, 광고적 기능)과 역할(정치적 역할, 경제적 역할, 사회적 역할, 문화적 역할)에 대해 인식의 차이를 보일 것이다.

   3-2. 지역주민과 지방의회의원은 지방자치의 발전에 대해 인식의 차이를 보일 것이다.

2. 설문지 구성

본 연구는 지역신문이 지방자치 발전에 미치는 영향 요인을 알아보기 위해 설문지를 통해 자료를 수집하였다. 설문지 문항은 본 연구의 이론적 배경을 바탕으로 본 연구자가 직접 구성하였다. 설문지 문항은 〈표 Ⅲ-1〉에서 보는 바와 같이 지역신문의 기능(보도적 기능, 지역운동 기능, 생활서비스 기능, 공동체 의식 회복 기능, 대안언론 기능, 오락적 기능, 광고적 기능) 7문항, 지역신문의 역할(정치적 역할, 경제적 역할, 사회적 역할, 문화적 역할) 8문항, 지방자치의 발전(정치적 효용, 행정적 효용, 사회·경제적 효용) 15문항, 인구사회학적 특성(성별, 연령, 학력, 종교, 거주기간, 신분, 가정의 월평균 소득) 7문항으로, 총 37문항으로 구성하였다.

<표 III-2> 설문지 문항의 구성 내역

구	분		문항번호	문항 수
지역신문 기능과 역할	기능	보도적 기능	I-1	1
		지역운동 기능	I-2	1
		생활서비스 기능	I-3	1
		공동체 의식 회복 기능	I-4	1
		대안언론 기능	I-5	1
		오락적 기능	I-6	1
		광고적 기능	I-7	1
	역할	정치적 역할	I-8~9	2
		경제적 역할	I-10~11	2
		사회적 역할	I-12~13	2
		문화적 역할	I-14~15	2
지방자치의 발전		정치적 효용과 발전지표	II-1~5	5
		행정적 효용과 발전지표	II-6~10	5
		사회·경제적 효용과 발전지표	II-11~15	5
인구사회학적 특성		성별, 연령, 학력, 종교, 거주기간, 신분, 가정의 월평균 소득	III-1~7	7

3. 표본의 설계 및 분석방법

3.1 표본의 설계 및 자료수집

본 연구를 위한 표본은 2015년 10월 현재 서울시에 거주하는 지역주민과 현직 지방의회의원을 대상으로 했다. 주민에 대한 조사는 성비, 연령, 학력, 소득 등을 모집단과 일치할 수 있도록 층화추출 방법을 택했다. 설문조사는 2015년 10월 1일부터 10월 30일까지 한 달 동안 연구의 목적과 설문지 개요를 충분히 설명한 후에 동료들의 협조를 얻어 자기평가 기입법을 통해 실시하였다. 설문지는 총 700부를 배부하여 652부를 회수하였으며, 회수된 설문지 중 불성실하게 응답한 설문지 22부를 제외하고 630부를 최종분석 자료로 활용하였다.

3.2 분석방법

본 실태조사를 통해 수집된 자료는 사괴과학 통계 프로그램인 SPSS WIN 21.0 를 이용하여 다음과 같은 기법으로 분석하였다.
첫째, 모집단에 대한 표본의 대표성을 검증하기 위해 인구통계학적 특성을 빈도와 백분율로 산출하였다.

둘째, 변수의 타당성과 신뢰도는 요인분석, 상관관계분석 (correlation analysis) 및 Cronbach α의 산출 등을 통하여 종합적으로 검증하였다.

셋째, 지역신문의 기능과 역할이 지방자치 발전에 미치는 영향을 알아보기 위해 회귀분석(regression analysis)을 실시하였다.

넷째, 지역주민과 지방의회의원의 지역신문의 기능과 역할, 그리고 지방자치 발전에 대한 인식의 차이를 검증하기 위해 t-test를 실시하였다.

IV. 연구결과 및 해석

1. 연구대상
2. 측정도구의 타당도와 신뢰도 검증
3. 가설검증

1. 연구대상

본 연구의 연구대상자의 일반적 특성은 〈표 Ⅳ-1〉과 같다.

<표 Ⅳ-1> 연구대상자의 일반적 특성

구 분		빈도(명)	백분율(%)
성 별	남자	360	57.1
	여자	270	42.9
연 령	20대	27	4.3
	30대	80	12.7
	40대	89	14.1
	50대	169	26.8
	60대 이상	265	42.1
학 력	고졸 이하	127	20.2
	전문대졸	137	21.7
	대졸	289	45.9
	대학원 이상	77	12.2
종 교	기독교	173	27.5
	천주교	131	20.8
	불교	143	22.7
	기타	62	9.8
	없다	121	19.2
현 거주지 거주기간	10년 미만	121	19.2
	10~20년 미만	203	32.2
	20~30년 미만	201	31.9
	30년 이상	105	16.7
지역에서의 신 분	지역주민	437	69.4
	지방의회의원	193	30.6
가 정 의 월 평 균 소 득	200만원 미만	114	18.1
	200~300만원 미만	113	17.9
	300~400만원 미만	171	27.1
	400~500만원 미만	125	19.8
	500만원 이상	107	17.0
계		630	100.0

총 630명 중 성별로는 남자가 57.1%로 여자 42.9%보다 많았다. 연령별로는 60대 이상이 42.1%로 가장 많았으며, 다음으로

50대 26.8%, 40대 14.1%, 30대 12.7%, 20대 4.3% 순으로 나타났다. 학력별로는 대졸이 45.9%로 가장 높은 분포를 보였으며, 다음으로 전문대졸 21.7%, 고졸 이하 20.2%, 대학원 이상 12.2% 순이었다. 종교별로는 기독교가 27.5%로 가장 많았으며, 다음으로 불교 22.7%, 천주교 20.8%, 기타 9.8% 순으로 나타났고, 무교는 19.2%를 차지하였다.

현 거주지에서의 거주기간별로는 10~20년 미만이 32.2%로 가장 많았으며, 다음으로 20~30년 미만 31.9%, 10년 미만 19.2%, 30년 이상 16.7% 순으로 차지하였다. 신분별로는 지역주민이 69.4%로 지방의회의원 30.6%보다 많았다. 가정의 월평균 소득별로는 300~400만원 미만이 27.1%로 가장 많았으며, 다음으로 400~500만원 미만 19.8%, 200만원 미만 18.1%, 200~300만원 미만 17.9%, 500만원 이상 17.0% 순으로 나타났다.

2. 측정도구의 타당도와 신뢰도 검증

2.1 타당도 검증

　다변량 자료의 타당도를 분석하는 방법 중에서 요인분석(factor analysis)이 가장 많이 사용되고 있다. 분석 대상의 변수가 많을 경우 변수간의 상호 연관성을 이용해 소수의 공통적인 새로운 내재 요인 변수를 찾아내고 내재 요인 변수들이 지닌 특성을 바탕으로 전체 자료의 특성을 설명하는 방법이 바로 요인분석이다. 요인분석은 우선적으로 다수의 변수로 측정된 데이터들을 변수들 상호간의 공분산 및 상관관계 분석을 통하여 이해하기 쉬운 형태로 요약함으로써 정보량을 줄이고 연구자가 알지 못했던 변수들 간에 내재해 있는 구조를 발견하는 것이다. 이러한 기법은 다수의 변수들의 타당성 검증을 위한 방법의 하나로서 추가적인 분석에서의 경제성을 가져오며 어떠한 개념이나 현상을 측정하기 위한 많은 항목의 변수들이 모두 동일한 범위의 개념으로 측정되었는가를 검증하기 위해 사용된다.
　본 연구에서는 요인분석 방법으로 주성분분석을 사용했으며, 요인 적재치는 0.50 이상의 것들을 사용하였으며, 배리맥스 회전을 실시하여 요인 적채치를 높였다.

2.1.1 지역신문의 기능과 역할 변수 요인분석 결과

지역신문의 기능과 역할 변수에 대해 요인분석을 실시한 결과는 〈표 Ⅳ-2〉와 같다.

<표 Ⅳ-2> 지역신문의 기능과 역할 변수 요인분석 결과

문항	요인	요인 1 지역 신문의 기능	요인 2 정치적 역할	요인 3 문화적 역할	요인 4 경제적 역할	요인 5 사회적 역할
7	광고적 기능(상품이나 용역에 대한 정보 제공 등)	0.852	-0.016	-0.014	-0.191	0.072
6	오락적 기능(만화, 스포츠, 연예 기사 등을 통한 독자들에게 즐거움을 주는 정도)	0.775	0.144	0.004	0.217	0.251
5	대안언론 기능(소외계층과 소수의 이익과 주장 등을 대변)	0.758	0.211	0.381	-0.100	0.051
1	보도적 기능(지역에서 일어나는 일에 대해 신속·공정하게 객관적으로 제공함)	0.651	0.176	0.190	0.074	-0.354
2	지역운동 기능(지역주민들의 애향의식 고취. 사회문제에 대한 주민의 참여유도 등)	0.629	0.475	-0.083	0.111	0.139
3	생활서비스 기능(생활정보, 상품정보 제공)	0.579	0.562	0.119	-0.210	0.005
4	공동체의식 회복 기능(지역에 대한 관심을 확대시켜 사회공동체의식을 형성하고 회복시킴)	0.548	0.028	0.507	0.355	0.166
9	지방자치단체와 지역주민 간의 중재자 역할	0.139	0.882	0.036	-0.052	0.003
8	지방의정의 홍보와 감시 역할	0.140	0.731	0.364	0.046	0.261
14	지역적 수준의 문화 계발 역할	-0.070	0.035	0.884	0.019	-0.036
15	지역 공통의 문화 전파 역할	0.319	0.254	0.684	0.030	0.046
11	지역발전을 위한 장기적 비전 제시 역할	-0.168	0.044	0.137	0.876	0.035
10	경제적 독점에 대한 감시와 비판의 역할	0.157	-0.113	-0.054	0.840	-0.202
12	지역의 사건, 사고와 지역주민들의 동향과 관심 사항 보도 역할	0.259	-0.029	-0.009	0.010	0.824
13	지역주민들 의사 결집 및 여론 반영 역할	-0.081	0.261	0.078	-0.162	0.818
	고유값	3.629	2.101	1.871	1.787	1.705
	변량기여율	24.191	14.006	12.472	11.911	11.366
	누적기여율	24.191	38.197	50.669	62.580	73.946

〈표 Ⅳ-2〉에서 보는 바와 같이 지역신문의 기능과 역할 변수는 총 15개의 변인이 추출되었으며, 5개의 요인으로 묶였다. 이 중 요인 1(문항 1번, 2번, 3번, 4번, 5번, 6번, 7번)은 지역신문의 기능으로, 요인 2(문항 8번, 9번)는 정치적 역할로, 요인 3(문항 14번,

15번)은 문화적 역할로, 요인 4(문항 10번, 11번)는 경제적 역할로, 요인 5(문항 12번, 13번)는 사회적 역할로 명명하였다. 변량기여율은 요인 1이 24.2%, 요인 2는 14.0%, 요인 3은 12.5%, 요인 4는 11.9%, 요인 5는 11.4%이었으며, 누적기여율은 73.9%이었다.

2.1.2 지방자치의 발전 변수 요인분석 결과

지방자치의 발전 변수에 대해 요인분석을 실시한 결과는 〈표 Ⅳ-3〉과 같다.

<표 Ⅳ-3> 지방자치의 발전 변수 요인분석 결과

문항	요인	요인 1 사회·경제적 효용	요인 2 정치적 효용	요인 3 행정적 효용
12	지방자치 실시 이후 지역의 사회공동체 형성에 기여했다	0.771	0.120	0.393
13	지방자치 실시 이후 지역의 경제 발전에 기여했다	0.697	0.163	0.404
11	지방자치 실시 이후 지역의 정체성과 다양성을 확보하는데 기여했다	0.656	0.312	0.311
14	지방자치 실시 이후 지역주민의 삶의 질 향상에 기여했다	0.639	0.236	0.194
15	지방자치 실시 이후 지역의 소득 증대를 위한 특산품 개발 및 지역의 관광상품 개발 등에 기여했다	0.613	0.332	0.018
1	지방자치 실시 이후 주민의 자유권을 보호하고 확대하는데 기여했다	0.149	0.777	0.210
3	지방자치 실시 이후 주민의 요구에 대응하기 위한 효율적인 정치·행정체계를 구축하는데 기여했다	0.293	0.765	0.190
4	지방자치 실시 이후 민주주의 훈련과 교육의 기회를 확대하는데 기여했다	0.162	0.695	0.379
2	지방자치 실시 이후 주민 참여의 기회를 확대하는데 기여했다	0.429	0.642	0.195
5	지방자치 실시 이후 권력의 배분에 기여했다	0.506	0.584	0.175
8	지방자치 실시 이후 공공서비스의 품질을 향상시키는데 기여했다	0.297	0.139	0.805
7	지방자치 실시 이후 주민이 중심이 되어 지역 실정에 맞는 업무처리가 이루어지도록 하는데 기여했다	0.131	0.188	0.771
9	지방자치 실시 이후 지방자치단체가 행정혁신에 노력을 기울이도록 하는데 기여했다	0.262	0.366	0.689
6	지방자치 실시 이후 지방사무 처리의 전문성과 능률성을 향상시키는데 기여했다	0.272	0.476	0.561
10	지방자치 실시 이후 지방자치단체가 주민행정 수요에 효과적으로 대응하도록 하는데 기여했다	0.431	0.275	0.535
고유값		3.303	3.219	3.061
변량기여율		22.021	21.462	20.410
누적기여율		22.021	43.483	63.893

2.2 신뢰도 검증

신뢰도 검증은 동일한 개념을 측정하기 위하여 여러 문항으로 이루어진 문항들의 일치성을 측정하고자 할 때 이용된다. 신뢰도 분석 절차는 내적 일치도 방법에 의한 Cronbach a값을 이용해 각 문항간의 일치성을 분석하였다. 이 같은 방법을 이용하여 본 연구의 측정도구 신뢰도를 검증한 결과는 〈표 IV-4〉와 같다.

〈표 IV-4〉 신뢰도 검증

구	분		문항 수	Alpha
지역신문의 기능과 역할	지역신문의 기능		7	0.78
	지역신문의 역할	정치적 역할	2	0.77
		경제적 역할	2	0.67
		사회적 역할	2	0.63
		문화적 역할	2	0.76
		지역신문의 역할	8	0.87
	지역신문의 기능과 역할		15	0.89
지방자치의 발전	정치적 효용		5	0.82
	행정적 효용		5	0.84
	사회·경제적 효용		5	0.83
	지방자치의 발전		15	0.93

〈표 V-4〉에서 보는 바와 같이 Cronbach a가 지역신문의 기능 0.78, 정지방자치의 발전 0.93으로, 모두 0.60 이상으로 나타났다. 따라서 본 연구의 측정도구는 신뢰할 만한 수준임을 알 수 있다.

2.3 변수 간의 상관관계

지역신문의 기능과 역할, 그리고 지방자치의 발전 변수 간의 상관관계를 살펴본 결과는 〈표 Ⅳ-5〉와 같다.

〈표 Ⅳ-5〉에서 보는 바와 같이 지역신문의 보도적 기능과 지역운동 기능, 생활서비스 기능, 공동체의식 회복 기능, 대안언론 기능, 오락적 기능, 광고적 기능 및 지역신문의 정치적 역할과 경제적 역할, 사회적 역할, 문화적 역할은 정치적 민주화, 행정의 효용화, 지역의 발전, 그리고 지방자치의 발전과 통계적으로 유의미한 정적 상관관계를 보였다. 지역신문의 보도적 기능과 지역운동 기능, 생활서비스 기능, 공동체의식 회복 기능, 대안언론 기능, 오락적 기능, 광고적 기능, 정치적 역할, 경제적 역할, 사회적 역할이 높을수록 정치적 민주화와 행정의 효용화, 지역의 발전, 그리고 지방자치의 발전이 높음을 알 수 있다.

<표 Ⅳ-5> 변수 간의 상관관계

구 분		정치적 민주화	행정의 효용화	지역의 발전	지방자치의 발전
지역신문의 기능	보도적 기능	0.418*** (0.000)	0.375*** (0.000)	0.363*** (0.000)	0.422*** (0.000)
	지역운동 기능	0.406*** (0.000)	0.361*** (0.000)	0.321*** (0.000)	0.397*** (0.000)
	생활서비스 기능	0.365*** (0.000)	0.371*** (0.000)	0.386*** (0.000)	0.411*** (0.000)
	공동체의식 회복 기능	0.468*** (0.000)	0.439*** (0.000)	0.473*** (0.000)	0.505*** (0.000)
	대안언론 기능	0.504*** (0.000)	0.463*** (0.000)	0.461*** (0.000)	0.522*** (0.000)
	오락적 기능	0.344*** (0.000)	0.364*** (0.000)	0.411*** (0.000)	0.410*** (0.000)
	광고적 기능	0.230*** (0.000)	0.248*** (0.000)	0.301*** (0.000)	0.285*** (0.000)
	지역신문의 기능	0.594*** (0.000)	0.570*** (0.000)	0.592*** (0.000)	0.642*** (0.000)
지역신문의 역할	정치적 역할	0.567*** (0.000)	0.555*** (0.000)	0.522*** (0.000)	0.601*** (0.000)
	경제적 역할	0.544*** (0.000)	0.557*** (0.000)	0.522*** (0.000)	0.594*** (0.000)
	사회적 역할	0.510*** (0.000)	0.550*** (0.000)	0.528*** (0.000)	0.581*** (0.000)
	문화적 역할	0.476*** (0.000)	0.507*** (0.000)	0.562*** (0.000)	0.566*** (0.000)
	지역신문의 역할	0.638*** (0.000)	0.658*** (0.000)	0.648*** (0.000)	0.711*** (0.000)
지역신문의 기능과 역할		0.680*** (0.000)	0.681*** (0.000)	0.685*** (0.000)	0.749*** (0.000)

*** $p<.001$

3. 가설 검증

3.1 가설 1 검증

'지역신문의 기능(보도적 기능, 지역운동 기능, 생활서비스 기능, 공동체의식 회복 기능, 대안언론 기능, 오락적 기능, 광고적 기능)은 지방자치 발전에 정(+)의 영향을 미칠 것이다'라는 가설 1을 검증한 결과는 〈표 IV-6〉과 같다.

<표 IV-6> 지역신문의 기능과 지방자치의 발전의 상관성

구 분	지방자치의 발전			
	b	β	t	p
보도적 기능	0.100	0.142	3.710***	0.000
지역운동 기능	0.046	0.063	1.651	0.099
생활서비스 기능	0.048	0.069	1.864	0.063
공동체의식 회복 기능	0.131	0.182	4.739***	0.000
대안언론 기능	0.198	0.277	7.716***	0.000
오락적 기능	0.116	0.178	5.009***	0.000
광고적 기능	0.041	0.057	1.651	0.099
constant	1.148		10.521***	0.000
R^2	0.440			
F (p)	69.738*** (0.000)			

*** p<.001

약 44.0%($R2=.440$)의 설명력을 지니며, 지방자치의 발전에는 지역신문의 기능 중 보도적 기능(β=.142, p<.001)과 공동체의식 회복 기능(β=.182, p<.001), 대안언론 기능(β=.277, p<.001), 그리고 오락적 기능(β=.178, p<.001)이 통계적으로 유의미한 정(+)의 영향을 미쳤으며, 지역운동 기능과 생활서비스 기능, 그리고 광고적 기능은 통계적으로 유의미한 영향을 미치지 않았다. 따라서 지역신문의 보도적 기능과 공동체의식 회복 기능, 대안언론 기능, 그리고 오락적 기능이 높을수록 지방자치의 발전이 높은 것으로 나타났다.

이러한 결과를 볼 때, '지역신문의 기능(보도적 기능, 지역운동 기능, 생활서비스 기능, 공동체의식 회복 기능, 대안언론 기능, 오락적 기능, 광고적 기능)은 지방자치 발전에 정(+)의 영향을 미칠 것이다'라는 가설 1는 부분적으로 지지되었음을 알 수 있다.

3.1.1 가설 1-1 검증

'지역신문의 기능(보도적 기능, 지역운동 기능, 생활서비스 기능, 공동체의식 회복 기능, 대안언론 기능, 오락적 기능, 광고적 기능)은 정치적 민주화에 정(+)의 영향을 미칠 것이다'라는 가설 1-1을 검증한 결과는 〈표 Ⅳ-7〉과 같다.

<표 IV-7> 지역신문의 기능과 정치적 효용의 상관성

구 분	정치적 효용			
	b	β	t	p
보도적 기능	0.116	0.153	3.829***	0.000
지역운동 기능	0.076	0.097	2.419*	0.016
생활서비스 기능	0.029	0.040	1.024	0.306
공동체의식 회복 기능	0.124	0.160	3.984***	0.000
대안언론 기능	0.215	0.280	7.453***	0.000
오락적 기능	0.091	0.131	3.524***	0.000
광고적 기능	0.025	0.033	0.895	0.371
constant	1.085		8.865***	0.000
R^2	0.387			
F (p)	56.039*** (0.000)			

* p<.05, *** p<.001

약 38.7%(R^2=.387)의 설명력을 지니며, 정치적 효용에는 지역신문의 기능 중 보도적 기능($β$=.153, p<.001)과 지역운동 기능($β$=.097, p<.05), 공동체의식 회복 기능($β$=.160, p<.001), 대안언론 기능($β$=.280, p<.001), 그리고 오락적 기능($β$=.131, p<.001)이 통계적으로 유의미한 정(+)의 영향을 미쳤으며, 생활서비스 기능과 광고적 기능은 통계적으로 유의미한 영향을 미치지 않았다. 따라서 지역신문의 보도적 기능과 지역운동 기능, 공동체의식 회복 기능, 대안언론 기능, 그리고 오락적 기능이 높을수록 정치적 민주화가 높은 것으로 나타났다.

이러한 결과를 볼 때, '지역신문의 기능(보도적 기능, 지역운동 기능, 생활서비스 기능, 공동체의식 회복 기능, 대안언론 기능, 오락적 기능, 광고적 기능)은 정치적 민주화에 정(+)의 영향을 미칠 것이다'라는 가설 1-1은 부분적으로 지지되었음을 알 수 있다.

3.1.2 가설 1-2 검증

'지역신문의 기능(보도적 기능, 지역운동 기능, 생활서비스 기능, 공동체의식 회복 기능, 대안언론 기능, 오락적 기능, 광고적 기능)은 행정적 효용에 정(+)의 영향을 미칠 것이다'라는 가설 1-2를 검증한 결과는 〈표 Ⅳ-8〉과 같다.

<표 Ⅳ-8> 지역신문의 기능과 행정적 효용의 상관성

구 분	행정적 효용			
	b	β	t	p
보도적 기능	0.094	0.122	2.947**	0.003
지역운동 기능	0.056	0.070	1.688	0.092
생활서비스 기능	0.056	0.074	1.840	0.066
공동체의식 회복 기능	0.114	0.144	3.466**	0.001
대안언론 기능	0.192	0.246	6.323***	0.000
오락적 기능	0.115	0.162	4.211***	0.000
광고적 기능	0.034	0.043	1.138	0.256
constant	1.238		9.570***	0.000
R^2	0.345			
F (p)	46.794*** (0.000)			

** p<.01, *** p<.001

약 34.5%(R2=.345)의 설명력을 지니며, 행정의 효용화에는 지역신문의 기능 중 보도적 기능(β=.122, p<.01)과 공동체의식 회복 기능(β=.144, p<.01), 대안언론 기능 (β=.246, p<.001), 그리고 오락적 기능(β=.162, p<.001)이 통계적으로 유의미한 영향을 미

쳤으며, 지역운동 기능과 생활서비스 기능, 그리고 광고적 기능은 통계적으로 유의미한 영향을 미치지 않았다. 따라서 지역신문의 보도적 기능과 공동체의식 회복 기능, 대안언론 기능, 그리고 오락적 기능이 높을수록 행정의 효용화가 높은 것으로 나타났다.

이러한 결과를 볼 때, '지역신문의 기능(보도적 기능, 지역운동 기능, 생활서비스 기능, 공동체의식 회복 기능, 대안언론 기능, 오락적 기능, 광고적 기능)은 행정적 효용에 정(+)의 영향을 미칠 것이다'라는 가설 1-2는 부분적으로 지지되었음을 알 수 있다.

3.1.3 가설 1-3 검증

'지역신문의 기능(보도적 기능, 지역운동 기능, 생활서비스 기능, 공동체의식 회복 기능, 대안언론 기능, 오락적 기능, 광고적 기능)은 사회·경제적 효용에 정(+)의 영향을 미칠 것이다'라는 가설 1-3을 검증한 결과는 〈표 Ⅳ-9〉와 같다.

약 37.5%(R2=.375)의 설명력을 지니며, 사회·경제적 효용에는 지역신문의 기능 중 보도적 기능(β=.114, p<.01)과 공동체의식 회복 기능(β=.193, p<.001), 대안언론 기능(β=.233, p<.001), 오락적 기능(β=.192, p<.001), 그리고 광고적 기능(β=.080, p<.05)이 통계적으로 유의미한 정(+)의 영향을 미쳤으며, 지역운동 기능과 생활서비스 기능은 통계적으로 유의미한 영향을 미치지 않았다. 따라서 지역신문의 보도적 기능과 공동체의식 회복 기능, 대안언

론 기능, 오락적 기능, 그리고 광고적 기능이 높을수록 사회·경제적 효용이 높은 것으로 나타났다.

이러한 결과를 볼 때, '지역신문의 기능(보도적 기능, 지역운동 기능, 생활서비스 기능, 공동체의식 회복 기능, 대안언론 기능, 오락적 기능, 광고적 기능)은 사회·경제적 효용에 정(+)의 영향을 미칠 것이다'라는 가설 1-3은 부분적으로 지지되었음을 알 수 있다.

<표 Ⅳ-9> 지역신문의 기능과 사회·경제적 효용의 상관성

구 분	지역의 발전			
	b	β	t	p
보도적 기능	0.090	0.114	2.815**	0.005
지역운동 기능	0.007	0.008	0.203	0.839
생활서비스 기능	0.058	0.075	1.906	0.057
공동체의식 회복 기능	0.156	0.193	4.752***	0.000
대안언론 기능	0.187	0.233	6.146***	0.000
오락적 기능	0.141	0.192	5.124***	0.000
광고적 기능	0.065	0.080	2.191*	0.029
constant	1.122		8.658***	0.000
R^2	0.375			
F (p)	53.333*** (0.000)			

* p<.05, ** p<.01, *** p<.001

3.2 가설 2 검증

'지역신문의 역할(정치적 역할, 경제적 역할, 사회적 역할, 문화적 역할)은 지방자치의 발전에 정(+)의 영향을 미칠 것이다'라는 가설 2를 검증한 결과는 〈표 Ⅳ-10〉과 같다.

약 50.9($R2=.509$)의 설명력을 지니며, 지방자치의 발전에는 지역신문의 역할 중 정치적 역할($\beta=.276$, $p<.001$)과 경제적 역할($\beta=.189$, $p<.001$), 사회적 역할($\beta=.132$, $p<.001$), 그리고 문화적 역할($\beta=.272$, $p<.001$) 모두 통계적으로 유의미한 정(+)의 영향을 미쳤다. 따라서 지역신문의 정치적 역할과 경제적 역할, 사회적 역할, 그리고 문화적 역할이 높을수록 지방자치의 발전이 높은 것으로 나타났다.

이러한 결과를 볼 때, '지역신문의 역할(정치적 역할, 경제적 역할, 사회적 역할, 문화적 역할)은 지방자치의 발전에 정(+)의 영향을 미칠 것이다'라는 가설 2는 지지되었음을 알 수 있다.

<표 Ⅳ-10> 지역신문의 역할과 지방자치의 발전의 상관성

구 분	지방자치의 발전			
	b	β	t	p
정치적 역할	0.199	0.276	6.772***	0.000
경제적 역할	0.143	0.189	4.631***	0.000
사회적 역할	0.113	0.132	3.200**	0.001
문화적 역할	0.210	0.272	7.550***	0.000
constant	1.110		11.998***	0.000
R^2	0.509			
F (p)	161.777*** (0.000)			

** $p<.01$, *** $p<.001$

'지역신문의 역할(정치적 역할, 경제적 역할, 사회적 역할, 문화적 역할)은 정치적 효용에 정(+)의 영향을 미칠 것이다'라는 가설 2-1을 검증한 결과는 〈표 Ⅳ-11〉과 같다.

<표 Ⅳ-11> 지역신문의 역할과 정치적 효용의 상관성

구 분	정치적 효용			
	b	β	t	p
정치적 역할	0.233	0.301	6.765***	0.000
경제적 역할	0.152	0.187	4.188***	0.000
사회적 역할	0.083	0.091	2.007*	0.045
문화적 역할	0.163	0.196	4.986***	0.000
constant	1.160		10.701***	0.000
R^2	0.412			
F (p)	109.584*** (0.000)			

* $p<.05$, *** $p<.001$

약 41.2%의 설명력을 지니며, 정치적 효용에는 지역신문의 역할 중 정치적 역할($\beta=.301$, $p<.001$)과 경제적 역할($\beta=.187$, $p<.001$), 사회적 역할($\beta=.091$, $p<.05$), 그리고 문화적 역할($\beta=.196$, $p<.001$) 모두 통계적으로 유의미한 정(+)의 영향을 미쳤다. 따라서 지역신문의 정치적 역할과 경제적 역할, 사회적 역할, 그리고 문화적 역할이 높을수록 정치적 효용이 높은 것으로 나타났다.

이러한 결과를 볼 때, '지역신문의 역할(정치적 역할, 경제적 역할, 사회적 역할, 문화적 역할)은 정치적 효용에 정(+)의 영향을 미칠 것이다'라는 가설 2-1는 지지되었음을 알 수 있다.

3.2.2 가설 2-2 검증

'지역신문의 역할(정치적 역할, 경제적 역할, 사회적 역할, 문화적 역할)은 행정적 효용에 정(+)의 영향을 미칠 것이다'라는 가설 2-2를 검증한 결과는 〈표 Ⅳ-12〉와 같다.

<표 Ⅳ-12> 지역신문의 역할과 행정적 효용의 상관성

구 분	행정적 효용			
	b	β	t	p
정치적 역할	0.185	0.234	5.353***	0.000
경제적 역할	0.162	0.195	4.453***	0.000
사회적 역할	0.149	0.160	3.595***	0.000
문화적 역할	0.179	0.211	5.467***	0.000
constant	1.103		10.132***	0.000
R^2	0.434			
F (p)	119.605*** (0.000)			

*** p<.001

약 43.4%의 설명력을 지니며, 행정적 효용에는 지역신문의 역할 중 정치적 역할(β=.234, p<.001)과 경제적 역할(β=.195, p<.001), 사회적 역할(β=.160, p<.001), 그리고 문화적 역할 모두 통계적으로 유의미한 정(+)의 영향을 미쳤다. 따라서 지역신문의 정치적 역할과 경제적 역할, 사회적 역할, 그리고 문화적 역할이

높을수록 행정의 효용화가 높은 것으로 나타났다.

이러한 결과를 볼 때, '지역신문의 역할(정치적 역할, 경제적 역할, 사회적 역할, 문화적 역할)은 행정적 효용에 정(+)의 영향을 미칠 것이다'라는 가설 2-2는 지지되었음을 알 수 있다.

3.2.3 가설 2-3 검증

'지역신문의 역할(정치적 역할, 경제적 역할, 사회적 역할, 문화적 역할)은 사회·경제적 효용에 정(+)의 영향을 미칠 것이다'라는 가설 2-3을 검증한 결과는 〈표 Ⅳ-13〉과 같다.

<표 Ⅳ-13> 지역신문의 역할과 사회·경제적 효용의 상관성

구 분	사회·경제적 효용			
	b	β	t	p
정치적 역할	0.178	0.220	5.031***	0.000
경제적 역할	0.116	0.136	3.093**	0.002
사회적 역할	0.106	0.111	2.493*	0.013
문화적 역할	0.289	0.332	8.575***	0.000
constant	1.066		9.529***	0.000
R^2	0.431			
F (p)	118.527*** (0.000)			

* p<.05, ** p<.01, *** p<.001

약 43.1%($R2=.431$)의 설명력을 지니며, 사회·경제적 효용에는 지역신문의 역할 중 정치적 역할($β=.220$, p<.001)과 경제적 역할

(β=.136, p<.01), 사회적 역할(β=.111, p<.05), 그리고 문화적 역할(β=.332, p<.001) 모두 통계적으로 유의미한 정(+)의 영향을 미쳤다. 따라서 지역신문의 정치적 역할과 경제적 역할, 사회적 역할, 그리고 문화적 역할이 높을수록 사회·경제적 효용이 높은 것으로 나타났다.

이러한 결과를 볼 때, '지역신문의 역할(정치적 역할, 경제적 역할, 사회적 역할, 문화적 역할)은 사회·경제적 효용에 정(+)의 영향을 미칠 것이다'라는 가설 2-3은 지지되었음을 알 수 있다.

3.3 가설 3 검증

'지역주민과 지방의회의원은 지역신문의 기능(보도적 기능, 지역운동 기능, 생활서비스 기능, 공동체의식 회복 기능, 대안언론 기능, 오락적 기능, 광고적 기능)과 역할(정치적 역할, 경제적 역할, 사회적 역할, 문화적 역할), 지방자치의 발전에 대해 인식의 차이를 보일 것이다'라는 가설 3을 검증한 결과는 다음과 같다.

3.3.1 가설 3-1 검증

'지역주민과 지방의회의원은 지역신문의 기능(보도적 기능, 지역운동 기능, 생활서비스 기능, 공동체의식 회복 기능, 대안언론

기능, 오락적 기능, 광고적 기능)과 역할(정치적 역할, 경제적 역할, 사회적 역할, 문화적 역할)에 대해 인식의 차이를 보일 것이다'라는 가설 3-1을 검증한 결과는 〈표 IV-14〉와 같다.

지역신문의 기능 중 보도적 기능에 대해서는 지방의회의원이 지역주민보다 높은 인식을 보였으며, 통계적으로도 유의미한 차이를 보였다(t=-2.60, p<.05). 지역운동 기능과 생활서비스 기능에 대해서는 지방의회의원이 지역주민보다 높은 인식을 보였으나 유의미한 차이는 아니었다. 공동체의식 회복 기능(t=-4.64, p<.001)과 대안언론 기능(t=-4.71, p<.001), 그리고 오락적 기능(t=-2.46, p<.05)에 대해서는 지방의회의원이 지역주민보다 높은 인식을 보였으며, 지역에서의 신분에 따라 유의미한 차이를 보였다. 광고적 기능에 대해서는 지방의회의원이 지역주민보다 높은 인식을 보였으나 통계적으로는 유의미한 차이를 보이지 않았다. 전체적으로 지역신문의 기능에 대해서는 지방의회의원이 지역주민보다 높은 인식을 보였으며, 통계적으로도 유의미한 차이를 보였다(t=-4.20, p<.001).

지역신문의 역할 중 정치적 역할(t=-7.12, p<.001)과 경제적 역할(t=-5.46, p<.001), 사회적 역할(t=-4.07, p<.001), 문화적 역할(t=-5.79, p<.001)에 대해서는 지방의회의원이 지역주민보다 높은 인식을 보였으며, 통계적으로도 유의미한 차이를 보였다. 전체적으로 지역신문의 역할에 대해서는 지방의회의원이 지역주민보다 높은 인식을 보였으며, 통계적으로도 유의미한 차이를 보였다

(t=-6.95, p<.001).

<표 Ⅳ-14> 지역신문의 기능과 역할

구 분		지역주민 (n=437)		지방의회 의원 (n=193)		전체 (n=630)		t	p
		M	SD	M	SD	M	SD		
지역 신문의 기능	보도적 기능	3.33	0.90	3.52	0.76	3.39	0.87	-2.60*	0.010
	지역운동 기능	3.30	0.90	3.42	0.67	3.34	0.84	-1.66	0.097
	생활서비스 기능	3.30	0.91	3.45	0.82	3.35	0.89	-1.93	0.054
	공동체의식 회복 기능	3.21	0.86	3.53	0.79	3.31	0.85	-4.64***	0.000
	대안언론 기능	3.11	0.91	3.45	0.67	3.21	0.86	-4.71***	0.000
	오락적 기능	3.03	0.95	3.22	0.91	3.09	0.94	-2.46*	0.014
	광고적 기능	3.20	0.86	3.32	0.82	3.24	0.85	-1.56	0.120
	지역신문의 기능	3.21	0.60	3.42	0.46	3.27	0.57	-4.20***	0.000
지역 신문의 역할	정치적 역할	3.22	0.90	3.73	0.58	3.38	0.85	-7.12***	0.000
	경제적 역할	3.19	0.85	3.56	0.64	3.30	0.81	-5.46***	0.000
	사회적 역할	3.37	0.75	3.61	0.60	3.44	0.72	-4.07***	0.000
	문화적 역할	3.31	0.81	3.70	0.67	3.43	0.79	-5.79***	0.000
	지역신문의 역할	3.27	0.69	3.65	0.47	3.89	0.65	-6.95***	0.000

* p<.05, *** p<.001

이상에서 지역에서의 신분에 따라 지역신문의 기능과 역할에 대한 인식을 살펴본 결과, 지방의회의원이 지역주민보다 지역신문의 보도적 기능 및 공동체의식 회복 기능, 대안언론 기능, 오락적 기능, 그리고 지역신문의 기능과 지역신문의 정치적 역할 및 경제적 역할, 사회적 역할, 문화적 역할, 지역신문의 역할에 대해 높은 인식을 보였다. 따라서 '지역주민과 지방의회의원은 지역신문의 기능(보도적 기능, 지역운동 기능, 생활서비스 기능, 공동체의식 회복 기능, 대안언론기능, 오락적 기능, 광고적 기능)과 역할(정치적 역할, 경제적 역할, 사회적 역할, 문화적 역할)에 대해 인식의 차이를 보일 것이다'라는 가설 3-1은 지지되었음을 알 수 있다.

3.3.2 지방자치의 발전

'지역주민과 지방의회의원은 지방자치의 발전에 대해 인식의 차이를 보일 것이다'라는 가설 3-2를 검증한 결과는 〈표 Ⅳ-15〉와 같다.

<표 Ⅳ-15> 지방자치의 발전

구 분	지역주민 (n=437)		지방의회 의원 (n=193)		전체 (n=630)		t	p
	M	SD	M	SD	M	SD		
정치적 효용	3.17	0.70	3.58	0.44	3.29	0.66	-7.54***	0.000
행정적 효용	3.25	0.71	3.72	0.40	3.39	0.37	-8.54***	0.000
사회·경제적 효용	3.27	0.70	3.72	0.55	3.41	0.69	-7.97***	0.000
지방자치의 발전	3.23	0.64	3.67	3.39	3.36	0.61	-8.89***	0.000

*** p<.001

정치적 효용(t=-7.54, p<.001)와 행정적 효용(t=-8.54, p<.001), 사회·경제적 효용(t=-7.97, p<.001)에 대해서는 지방의회의원이 지역주민보다 높은 인식을 보였으며, 통계적으로도 유의미한 차이를 보였다. 전체적으로 지방자치의 발전에 대해서는 지방의회의원이 지역주민보다 높은 인식을 보였으며, 지역에서의 신분에 따라 유의미한 차이를 보였다(t=-8.89, p<.001).

이상에서 지역주민과 지방의회의원의 지방자치의 발전에 대한 인식을 살펴본 결과, 지방의회의원이 지역주민보다 정치적 효용, 행정적 효용, 사회·경제적 효용, 그리고 지방자치의 발전 전체에 대해 높은 인식을 보였다. 따라서 '지역주민과 지방의회의원은 지방자치의 발전에 대해 인식의 차이를 보일 것이다'라는 가설 3-2는 지지되었음을 알 수 있다.

3.4 정책적 시사점

본 연구의 분석결과에 따르면 다음과 같은 몇 가지 정책적 시사점을 제시할 수 있다.

첫째, 지역신문의 기능이 지방자치의 발전에 미치는 영향에 대한 검증 결과 지역신의 보도적 기능과 공동체 의식 회복 기능, 그리고 오락 기능이 높을수록 지방자치발전이 높은 것으로 나타났다. 이 같은 결과는 지역신문이 발전하기 위해서는 기본적인 임무인 보도적 기능에 충실함은 물론 이와 더불어 지역공동체 의식을 회복하는데 견인차 역할을 담당해야 함을 의미한다. 지역신문이 정치적 효용에 미치는 영향에 대한 검증 결과 지역신문의 보도적 기능과 지역운동 기능, 공동체의식 회복 기능, 대안언론 기능, 오락적 기능이 높을수록 정치적 효용이 높은 것으로 나타났다. 이 가운데 지역신문의 대안적 기능은 정치적 효용에 가장 커다란 영향을 미치고 있음을 인식할 수 있다. 지역신문의 기능이 행정적 효용에 미치는 영향에 대한검증 결과 보도적 기능과 공동체의식 회복 기능, 대안언론 기능, 오락적 기능이 영향을 미치고 있는 것으로 나타났다. 이 가운데 대안적 기능이 가장 중요한 영향을 미치고 있는데, 이는 지역신문이 행정의 효용화에 있어서 대안적 기능을 일정 부분 담당하고 있음을 반증한 결과라고 인식할 수 있다. 지역신문의 기능이 사회·경제적 효용에 미치는 영향에 있어서도 대안언론 기능과 오락적 기능, 보도적 기능 등이 영향을 미치고 있음을 인식할 수 있다. 이러한 점들을 감안할 때 지역신문은 무엇보다도 대안언론의 기능에 충실해야 하며, 아울러 보도적 기능과 공동체의식 회복 기능에 보다 더 집중해야 할 것이다. 즉, 지역신문은 타 일간지나 다른 지역신문들이 다루지 않는 지역만의 소식을 세밀하고 체계적으로 소개하여 다른 신문들과 차별화시켜 지역사회의 소식을 우선적으로 보도해야 한다(변봉주, 2007, p. 147).

둘째, 지역신문의 역할이 지방자치의 발전에 미치는 영향에 대한 검증 결과 지역신문의 정치적 역할과 경제적 역할, 사회적 역할, 문화적 역할이 높을수록 지방자치의 발전이 높다고 인식하고 있음을 알 수 있다. 이 가운데 정치적 역할이 정치적 효용에 가장 큰 영향을 미치고 있으며, 행정적 효용화 역시 정치적 역할이 커다란 영향을 미치고 있는 것으로 나타났다. 한편 사회·경제적 효용에는 문화적 역할이 가장 크게 영향을 미치고 있는 것으로 나타났다. 이러한 점들을 고려할 때 정치적 효용과 행정적 효용을 제고하기 위해서는 지역신문이 정치적 역할에 보다 더 충실을 기해야 하며, 특히, 지역문화와 특색을 고려한 제작으로 지역발전에 기여해야 할 것이다.

셋째, 지역신문의 기능과 역할에 있어서 지방의회의원이 지역주민보다 지역신문의 보도적 기능, 정치적 역할을 비롯한 여러 가지 기능에 있어서 높은 인식을 보였다. 이 같은 결과는 당연한 결과로써 지역주민들 보다는 지방의회의원들이 지역신문을 구독하거나 관심을 갖는 등 접근성에 있어서 우위를 점하고 있기 때문이다. 이 같은 점들을 고려하여 지역신문이 발전하기 위해서는 지역주민들과 함께 하는 지역신문으로 자리매김해야 할 것이다. 이에 대한 대안으로는 지역신문의 특화기능을 확대하는 한편 "주민들이 찾는 지역신문"의 제작에 주력해야 할 것이다.

넷째, 지방자치 발전에 있어서 정치적 효용, 행정적 효용, 사회·경제적 효용 등에 있어서 지역주민 보다는 지방의회의원이 높은 인식을 보였다. 이 같은 결과는 앞서 고찰한 지역신문의 기능과 역할과 마찬가지로 지방의회의원들이 지역신문에 대한 접근성에 있어서 우위를 점하고 있기 때문이다.

V.
결론 및 정책제언

1. 결론
2. 정책 제언
3. 연구의 한계

1. 결론

지역언론은 민주주의의 기초인 지방자치와 불가분의 관계에 있으며, 지방자치의 원활한 운영을 위해서는 지역언론의 활성화는 필수적이다. 이에 본 연구는 지역신문과 지방자치 발전 간에 기능적 상관성이 있음을 구체적으로 검증함으로써 지역신문의 활성화와 지방자치 발전에 기여할 수 있는 지역신문의 방향을 제시하는데 연구의 목적을 두었다.

연구방법으로는 문헌연구와 실증적 분석을 병행하였다. 문헌의 내용분석을 통하여 지역신문의 의의와 특성 및 역할과 기능, 지방자치의 구조와 기능, 지역신문과 지방자치의 상관성 등을 이론적으로 정립하였다. 연구 가설의 검증을 위해서는 2015년 10월 현재 서울시에 거주하는 지역주민과 지방의회의원을 대상으로 설문조사를 실시하여 실증적으로 접근하였다. 수집된 설문지는 SPSS WIN 21.0 프로그램을 이용하여 분석하였다.

분석결과는 다음과 같이 요약될 수 있다.

첫째, 가설 1을 검증한 결과, 지방자치의 발전에는 지역신문의 기능 중 보도적 기능과 공동체의식 회복 기능, 대안언론 기능, 그리고 오락적 기능이 통계적으로 유의미한 정(+)의 영향을 미쳤으며, 지역운동 기능과 생활서비스 기능, 그리고 광고적 기능은 통계적으로 유의미한 영향을 미치지 않았다. 따라서 지역신문의 보도적 기능과 공동체의식 회복 기능, 대안언론 기능, 그리고 오락적 기능이 높을수록 지방자치의 발전이 높았다.

둘째, 가설 2를 검증한 결과, 지방자치의 발전에는 지역신문의 역할 중 정치적 역할과 경제적 역할, 사회적 역할, 그리고 문화적 역할 모두 통계적으로 유의미한 정(+)의 영향을 미쳤다. 따라서 지역신문의 정치적 역할과 경제적 역할, 사회적 역할, 그리고 문화적 역할이 높을수록 지방자치의 발전이 높은 것으로 나타났다.

셋째, 가설 3을 검증한 결과, 지방의회의원이 지역주민보다 지역신문의 보도적 기능 및 공동체의식 회복 기능, 대안언론 기능, 오락적 기능의 지역신문의 기능과 지역신문의 정치적 역할 및 경제적 역할, 사회적 역할, 문화적 역할의 지역신문의 역할, 그리고 지방자치 발전에 대해 높은 인식을 보였다.

이상과 같은 본 연구결과를 볼 때, 지역신문은 지방자치의 발전에 긍정적 상관성을 지님을 알 수 있다.

2. 정책 제언

본 연구에서는 지역신문의 기능과 역할이 지방자치 발전에 영향을 미치는 것으로 밝혀졌다. 본 연구는 지방자치가 시행된 지 20여년이 지났음에도 불구하고 지방자치가 제대로 정착되고 있지 못한 상황과 지역주민들의 의식 제고와 지역문화 혁신에 기여해야 할 지역언론의 역할의 중요한 시점에서 지방정치·행정체계에 전달하는 공동체 커뮤니케이션으로 지역언론의 중요성을 촉구하였다는 점에서 의의가 있다. 또한 지역신문의 기능 및 역할과 지방자치 발전과의 관계를 다룬 실증연구가 전무한 상황에서에서 지역신문이 지방자치의 발전에 미치는 영향을 실증적으로 규명함으로써 지방자치와 지역언론의 기능적 상관관계를 검증하였다는 점에서 의의를 지닌다고 할 수 있다. 본 연구에서 밝혀진 연구결과를 중심으로 정책적 함의를 제시하면 다음과 같다.

첫째, 지역신문의 기능 중 보도적 기능과 공동체의식 회복 기능, 대안언론 기능, 그리고 오락적 기능 중 특히 대안언론 기능이 지방자치 발전에 가장 큰 영향을 미치므로, 지역신문이 지방자치 발전에 보다 기여하기 위해서는 일간신문들이 외면하는 지역의 소외계층과 소수의 이익과 주장을 대변하는 신문으로서 그 기능을 다해야 할 것이다. 이와 더불어 지역신문은 중앙일간지나 전국지들이 다루지 못하거나 지나치기 쉬운 문제들을 해당 지역사회의 의제(agenda)로 형성시키며 나아가 이에 대한 해결책을 제시할 필요가 있다.

둘째, 지방자치의 발전은 지역신문의 정치적 역할과 경제적 역할, 사회적 역할, 문화적 역할 중 정치적 역할과 매우 밀접한 관계가 있으므로, 지역신문은 지역주민의 의견을 수렴하여 지역여론을 형성해 가는 공론의 장으로 기능해야 한다. 또한 지역신문은 지역 정치와 지방 행정에 대한 감시자·비판자로서 지역주민의 이해관계를 대변하는 역할을 충실히 수행해야 한다. 이러한 역할을 다하기 위해서는 지역신문이 지방자치단체와 지역주민 간의 의사소통의 장을 확대하고 중재자로서의 위치를 확고히 정립할 필요가 있다.

셋째, 지방의회의원이 지역주민보다 지역신문의 기능과 역할에 대해 높이 평가하고 있으므로, 지역신문에 지역주민이 참여할 기회를 보다 확대 제공해야 할 것이다. 또한 지역신문은 지방의회의 활동을 단순히 보도만 하는 차원을 넘어서 지역의 여론을 형성하여 지방의회의 활동을 합리적으로 비판하고 대안을 제시해 나가는 지도적 기능을 보다 강화함으로써 지역신문에 대한 지역주민들의 인식 제고와 적극적인 관심 및 참여 분위기를 유도해야 할 것이다.

넷째, 지역신문에 대한 지역주민들의 관심과 참여를 유도하기 위해서는 지역사회의 발전을 위해 지역주민들이 주도적으로 참여할 수 있는 장을 마련해야 하며, 지역의 문제 발생 시에 지역신문이 주도적 역할을 수행하고, 환경감시와 여론계도의 기능을 보다 강화해야 할 것이다.

다섯째, 우리나라의 지역신문은 지역사회와의 연계를 바탕으로 지방자치를 정착시키기 위한 주체로서 지역사회의 발전과 지역주민의 이익 대변을 위해 앞장설 때 지역사회에서 그 위치를 확고히 할 수 있으며, 자생력을 지닌 지역의 언론매체로서 그 기능을 충실히 할 것이다.

3. 연구의 한계

본 연구에서는 지역신문의 기능과 역할과 지방자치 발전 간의 기능적 상관성을 실증적으로 규명하고자 하였다. 그럼에도 불구하고 본 연구는 다음과 같은 점에서 한계점을 지닌다. 첫째, 본 연구는 서울시를 중심으로 지역신문의 기능과 역할을 중심으로 지방자치 발전과의 기능적 상관성을 검증하였으므로 지역의 성격에 따라 상이한 결과가 나타날 수 있다. 따라서 본 연구결과를 전국적인 결과로 일반화하는 데는 무리가 따를 수 있으므로, 후속연구에서는 보다 다양한 지역을 대상으로 조사대상의 광범위한 연구가 이루어질 필요가 있다.

둘째, 본 연구는 횡단적 조사를 통해 정량적으로 이루어졌으므로 지방자치의 발전 정도를 정량적 방법만이 아니라 정성적 방법을 이용한 종단적 조사를 통한 검증도 요구된다.

셋째, 독립변수로 사용된 지역신문의 기능과 역할과 관련하여 본 연구에서 사용한 변수 이외에도 영향을 미치는 다른 변수가 존재하나 본 연구에서는 다양한 모든 변수들을 포함시키지 못하였다. 따라서 향후연구에서는 이론적 연구를 통해 지역신문이 가지는 특성을 반영한 변수를 보다 종합적으로 선정할 필요가 있다.

넷째, 본 연구는 지방자치 발전에 미치는 영향을 미치는 지역신문의 기능과 역할 요인을 살펴보았으므로, 지역신문이 지방자치 발전을 저해하는 요인에 대한 연구가 뒷받침되어야 할 것이다.

　마지막으로, 본 연구는 지방의회의원과 지역주민을 대상으로 하였으므로, 후속연구에서는 지역신문의 올바른 기능과 역할 정립을 위해서는 지역언론 종사자들과 공무원들을 대상으로 비교연구 및 사례연구, 심층면담과 같은 질적 연구의 병행이 이루어질 필요가 있다.

참고문헌

1. 국내문헌

가. 단행본

강용기(2014) 현대지방자치론, 대여문화사, 서울.
강준만(1997) 지역신문의 위기와 구조개혁, 한국학술정보, 서울.
강준만 외(1995) 현대사회와 지역언론, 나남, 서울.
강준만·김영호(1995) 현대사회와 지역언론, 나남, 서울.
고양시(2011). 참여와 자치활성화를 통한 새로운 도시상 연구, 고양시, 고양.
김민남(1996). 언론학원론, 범우사, 서울.
김병국(1997) 지방자치와 지역언론, 커뮤니케이션북스, 서울.
김병준(1998) 한국지방자치론, 법문사, 서울.
김병찬·정정길(1995) 50년대의 지방자치, 서울대출판부, 서울.
김세철 외(1997) 지역사회와 언론, 커뮤니케이션북스, 서울.
김안제(1995) 한국지방자치발전론, 대명출판사, 서울.
김영주·정재민(2011) 신문기업의 혁신경영, 한국언론진흥재단, 서울.
김영철(1995) 행정학강의, 정문사, 서울.
김영호(2002) 한국의 지역신문, 나남, 서울.

김정기·김동규(2012) 지역신문 경영개선을 위한 환경분석 및 전략개발 연구, 한국언론진흥재단, 서울.

김중배(2001) 시빅 저널리즘을 떠올리며, 미디어 오늘, 서울.

김철수(1997) 헌법학개론, 박영사, 서울.

김철수(1981) 신헌법학개론, 박영사, 서울.

류한호(2005) 지방분권과 지역언론, 미디어집, 서울.

박경수(1992) 지방자치 그 실현의 지름길, 해돋이, 서울.

박덕기(2004) 한국의 지방자치와 NGO, 청문사, 서울.

박연호(1994) 행정학신론, 박영사, 서울.

박정규·전환성(1990) 지방자치와 지역언론, 한국언론연구원, 서울.

변동현(1998) 한국의 지역언론, 범우사, 서울.

손재식(1996) 현대지방행정론, 박영사, 서울.

신승춘 외(2015) 현대행정의 이해, 대영문화사, 서울.

안용식·강동식·원구환(2000) 지방행정론, 대영문화사, 서울.

이달곤 외(2012) 지방자치론, 박영사, 서울.

이달곤(2004) 지방정부론, 박영사, 서울.

이상철(2004) 포스트미디어신문, 학지사, 서울.

이정춘(1998) 현대사회와 매스미디어, 나남, 서울.

이종수(2000). 행정학사전, 대영문화사, 서울.

이종수·윤영진외(2007). 새행정학, 서울.

장호순(2001) 작은 언론이 희망이다, 개마고원, 서울.

정세욱(1991) 지방행정학, 법문사, 서울.

조창현(1991) 지방자치사전, 청계연구소, 서울.

조창현(1998) 지방자치론, 박영사, 서울

최민수(1995) 지방의회 이야기, 서강출판사, 서울.

최봉기(2006) 지방자치론, 법문사, 파주.

최창섭(1998) 교양언론학 강좌, 범우사, 서울.

최창호(1998) 지방자치제도론, 삼영사, 서울.

한국언론연구원(1997) 한국지역언론의 발전방안, 한국언론연구원, 서울.

한국지방행정연구원(1998) 지방자치행정 50년사.

한진만 외(2010) 지역미디어, 커뮤니케이션북스, 서울.

황성욱·배지양·최홍림(2014) 지역 미디어 소비자 특성 분석을 통한 지역신문 니치마케팅 방안 연구, 한국언론진흥재단, 서울.

나. 논문

강동진(2013) "한일 양국의 지방자치에 대한 인식 연구". 박사학위논문. 경상대학교 대학원.

권대우(2009) "디지털시대 지역신문 활성화 연구: 미디어 네트워크 구축과 경영지원 회사 설립을 중심으로". 석사학위논문. 중앙대학교 신문방송대학원.

권오인(2003) "지역신문이 지역사회발전에 미치는 영향에 관한 연구". 석사학위논문. 한남대학교 지역개발대학원.

고재석(2006) "지방자치와 지역언론의 역할에 관한 고찰". 석사학위논문. 대구대학교 행정대학원.

김기환(2000) "지방자치시대에 지역신문이 지역정책에 미치는 영향에 대한 연구". 석사학위논문. 중앙대학교 신문방송대학원.

김병학(2009) "지역신문의 공론장 역할 수행에 관한 인식 연구". 박사학위논문. 계명대학교 대학원.

김석태(2013) "지역신문 위기에 대한 이해와 이의 발전방향에 대한 연구". 석사학위논문. 경상대학교 대학원.

김선남·최용준·이영원(2010) "지역신문 문화관련 보도의 심층성에 관한 연구". 언론과학연구, 제10권 제1호, p. 51.

김세철(1989) "한국 지역신문의 실태와 전망". 언론연구, 제2집, p. 83.

김영수·강영수(2014) "지역신문의 수익성 평가요인의 상대적 중요도 및 우선순위 분석". 언론학 연구, 제18권 제1호, pp. 5-30.

김영일(2014) "지역발전을 위한 지방정치제도의 문제점과 지방정치 활성화 방안". 21세기정치학회보, 제24집 제1호, p. 99.

김영호(2007) "지역신문 지원 3년 이제는 자생력을 갖춰야 할 때". 신문과 방송, 435호, pp. 124-127.

김정기·김동규(2012) "지역신문 경영개선을 위한 환경분석 및 전략개발 연구". 지역신문발전기금 조사연구, 2012-01, pp. 68-70.

김정길(1985) "지역신문의 특성과 기능에 관한 연구". 석사학위논문. 중앙대학교대학원.

김종수(2008) "지방행정의 활성화를 위한 지역개발 전략 방안". 한국정책연구, pp. 123-126.

김종환(2010) "지역언론의 역할에 대한 공무원의 인식". 석사학위논문. 광주대학교 언론홍보대학원.

김창옥(1991) "지역신문의 실태 및 활성화 방안에 관한 연구". 석사학위논문. 중앙대학교 대학원.

김현신(2013) "지역신문을 활용한 지역경제 교육". 석사학위논문. 한국교원대학교대학원.

남부현(1995) "지역사회의 발전을 위한 지역신문의 역할". 석사학위논문. 서울대학교.

남효윤(2002) "지방자치제 실시 전·후의 지방정부와 지역신문간의 관계변화". 언론과학연구, 제2권 제2호, p. 36.

문종대·안차수(2013) "디지털 구조조정시대의 지역신문 생존전략". 언론학연구, 제17권 제2호, pp. 33-61.

박상길(2003) "지방자치의 발전을 위한 지역신문의 역할". 석사학위논문. 경상대학교 대학원.

박소웅(1998) "지역사회발전과 지역언론 역할에 관한 연구". 석사학위논문. 경남대학교 경영대학원.

박홍수(1986) "지방자치시대의 언론의 역할". 신문과 방송, 통권 제187호, p. 36.

변동현(1990) "한국 지역신문의 좌표와 방향". 신문과 방송, p. 66.

변봉주(2007) "지방자치 발전을 위한 지역신문의 역할 제고방안에 관한 연구". 박사학위논문. 한성대학교 대학원.

송해룡(1999) "지역밀착보도 활성화방안-독일신문의 지역밀착보도 사례연구". pp. 33-61.

신재돈(2001) "지방자치와 지역언론의 관계에 대한 연구". 석사학위논문. 연세대학교 행정대학원.

심영섭(2004) "불황 탈출 시도하는 독일신문산업". 신문과 방송, 12월호, p. 67.

유병관(1997) "한국지역신문의 발전방안에 관한 연구". 석사학위논문. 중앙대학교대학원.

유영돈(2010a) "지역신문에 대한 지역민 이용과 충족 연구". 석사학위논문. 한남대학교 사회문화대학원.

유영돈(2010b) "지역신문에 대한 지역민 이용과 충족 연구". 사회과학연구, 제19집 제1호, p. 32.

이규홍(2010) "지역신문 활성화를 위한 경영전략 연구". 석사학위논문. 충주대학교 경영행정외국어대학원.

이용길(1999) "지방행정에 대한 지역언론의 보도경향 분석-제주도내 일간지 사설을 중심으로". 박사학위논문. 국민대학교 대학원.

이은수(2015) "인구 100만 이상 대도시 자치권 확대를 위한 특례제도의 법적 개선방안". 석사학위논문. 창원대학교 행정대학원.

이종갑(2007) "지방자치의 발전을 위한 지역신문의 역할에 관한 연구". 석사학위논문. 한양대학교 행정·자치대학원.

이주연(2011) "지역신문을 활용한 다문화교육 연구". 석사학위논문. 건국대학교대학원.

이진로(2002) "한국 지역신문 경영 구조 분석 및 개선모델 연구". 한국언론학보, 제16권 제2호, pp. 523-547.

이태열(2010) "지방자치시대 지역언론의 경쟁력 확보방안". 석사학위논문. 영남대학교 행정대학원.

조원일(2008) "지역신문 활성화에 관한 연구". 석사학위논문. 단국대학교 대학원.

최근열(2015) "기초 지방의회 역량강화 방안". 한국지방자치연구, 17권 3호, pp. 57-59.

최봉수(2003) '지방의회의원의 대표성향 인식분석'. 도시행정학보, 제16집 제2호, pp. 196-197.

최 성(2015) "한국 지방자치의 발전방안 연구-고양형 시민참여자치 사례를 중심으로". 석사학위논문. 한양대학교 공공정책대학원.

최정길(2005) "한국 지역신문 활성화 방안 연구". 석사학위논문. 경북대학교 정책정보대학원.

최종수(1995) "지방화시대 지역언론의 전망과 과제". 정책포럼, 통권 제14호, p. 72.

한국언론진흥재단(2014) "2014 신문산업 실태조사", pp. 72.

한태학(2009) "지역신문 난립의 원인성 분석과 그 해결방안에 관한 고찰". 언론학연구, 제13권 제1호, pp. 139-183.

홍성조(2011) "지역신문의 불만족 요인 분석과 개선방안 연구". 석사학위논문. 동국대학교 산업경영대학원.

2. 외국문헌

가. 단행본

Alexis de Tocqueville(1954) Democracy in America, New York: Vintage Books

Ami, Ayalon(1995) The Press in the Arab Middle East : A History, New York : Oxford Univ. Press Inc.

Barbara, H.(1988) Stability and Change in Congress, New York: Happer & Row.

Bryce, James(1919) American Commonwealth, New Edition, London: Macmillan

Bryce, James(1921) Modern Democracy. Oak, California: Sage Publishing, Inc.

Duane, Lockard(1993) The Politics of state and Local Government, 3third edition, New York: Macmilan.

Emery, Mechael C. and Ted C. Smythe(1989). Readings in Mass Communication: Concepts and Issues in the Mass Media(7th ed). Dubuque, Iowa. Wm. C. Brown Publisher.

Fioina, Morriss(1988) Representatives, Roll Calls and

Constituencies, New Haven Conn: Yale Univ Press.

Fishman, M.(1980) Manufacturing The News, Austin: Univ. of Texas Press.

Hill Dilys M.(1975) Democratic Theory and Local Government, London: George Allen & Unwin

Janowitz, M.(1967) The Community Press in an urban setting. Chicago: The Univ. of Chicago Press.

Joseph F. Zimmerman(1983) State-Local Relations: A Partnership Approach, New York, Praeger.

Kerlinger, F. N. (1986) Foundations of behavioral research. New York: Holt, Rinehart and Winston.

Merrill & Lowenstein (1971)

Whight, C. R. (1986) Mass Communication : A Sociological Perspective, 3rd, New York : Random House.

Wilson C. H. (ed) (1947) Essays on Local Government, Oxford: Basil Blackwell

秋本民文·田中宗孝. 1978. 地方自治制度, 現代地方自治全集 2.

나. 논문

Bennet, L.(1990) Toward a theory of press-state relations in the United States. Journal of Communication, 40, pp. 103-125.

Dreier, p.(1983) The position of the press in U.S. power structure. Mass Communication Yearbook, 4, pp. 439-451.

Flegel, R. C., & Chaffee, S., H. (1971) Influence of editors, readers and personal opinions on reporters. Journalism Quarterly, 48, pp. 645-651.

Jonathan Fox(1994) Latin Americas Emerging Local Politics. Journal of Politics, Vol.5, no.2.

Larry Diamond(1994) Rethinking Civil Society: Toward Democratic Consideration, Journal of Democracy, Vol 5, no 3.

Walters, L. M., & Walters, T. N. (1992) Environment of Confidence: Daily newspaper use press release. Public Relations Review, 18, pp. 31-46.

3. 기타

경북일보(2016. 1. 4). 지역신문발전지원 특별법 연장 '6년 연장 개정안' 국회 통과.

네이버((http://blog.naver.com/ktd42744/120172613996).
네이버백과사전.
다음백과사전
(http://100.daum.net/encyclopedia/view/31XXXXXX9512).
두산백과사전
(http://terms.naver.com/entry.nhn?docId=1140277&cid=40942&categoryId=31707).
매일경제 용어사전.
한국언론진흥재단(http:www.kpf.or.kr/).
한국지역신문협회(http://klpa.net).

지역신문의 지방자치 발전 영향 요인
설문지

안녕하십니까?

바쁘신 중에도 소중한 시간을 내주셔서 진심으로 감사드립니다. 이 설문지는 지역신문이 지방자치 발전에 미치는 영향 요인을 알아보기 위해 작성되었습니다.

설문에 대한 응답은 통계법 제13조의 규정에 의거 통계적 목적 이외의 다른 용도로는 사용하지 않으며, 귀하의 의견은 연구자료 외에는 사용하지 않을 것을 약속드립니다.

귀하의 의견은 본 연구에 귀중한 자료가 되오니 바쁘시더라도 잠시 시간을 내어 몇 가지 질문에 응답해 주시면 감사하겠습니다.

2015년 9월

단국대학교 대학원 박사과정

유 상 용 드림

1. 다음은 지역신문의 기능과 역할을 묻는 질문입니다. 귀하의 의견과 일치하는 곳에 "✔"표 해 주십시오.

구 분	매우 낮음	낮음	보통	높음	매우 높음
1. 보도적 기능(지역에서 일어나는 일에 대해 신속·공정하게 객관적으로 제공함)					
2. 지역운동 기능(지역주민들의 애향의식 고취, 사회문제에 대한 주민의 참여 유도 등)					
3. 생활서비스 기능(생활정보, 상품정보 제공)					
4. 공동체의식 회복 기능(지역에 대한 관심을 확대시켜 사회공동체의식을 형성하고 회복시킴)					
5. 대안언론기능(소외계층과 소수의 이익과 주장 등을 대변)					
6. 오락적 기능(만화, 스포츠, 연예 기사 등을 통한 독자들에게 주는 즐거움 정도)					
7. 광고적 기능(상품이나 용역에 대한 정보 제공 등)					
8. 지방의정의 홍보와 감시 역할					
9. 지방자치단체와 지역주민 간의 중재자 역할					
10. 경제적 독점에 대한 감시와 비판의 역할					
11. 지역발전을 위한 장기적 비전 제시 역할					
12. 지역의 사건, 사고와 지역주민들의 동향과 관심 사항 보도 역할					
13. 주역주민들 의사 결집 및 여론 반영 역할					
14. 지역적 수준의 문화 계발 역할					
15. 지역 공통의 문화 전파 역할					

Ⅱ. 다음은 지방자치 발전에 대한 지역신문의 기여도를 묻는 질문입니다. 귀하의 의견과 일치하는 곳에 "✔"표 해 주십시오.

구 분	전혀 그렇지 않다	그렇지 않다	보통 이다	그렇다	매우 그렇다
1. 지방자치 실시 이후 주민의 자유권을 보호하고 확대하는데 기여했다.					
2. 지방자치 실시 이후 주민 참여의 기회를 확대하는데 기여했다.					
3. 지방자치 실시 이후 주민의 요구에 대응하기 위한 효율적인 정치·행정체계를 구축하는데 기여했다.					
4. 지방자치 실시 이후 민주주의 훈련과 교육의 기회를 확대하는데 기여했다.					
5. 지방자치 실시 이후 권력의 배분에 기여했다.					
6. 지방자치 실시 이후 지방사무 처리의 전문성과 능률성을 향상시키는데 기여했다.					
7. 지방자치 실시 이후 주민이 중심이 되어 지역 실정에 맞는 업무처리가 이루어지도록 하는데 기여했다.					
8. 지방자치 실시 이후 공공서비스의 품질을 향상시키는데 기여했다.					
9. 지방자치 실시 이후 지방자치단체가 행정혁신에 노력을 기울이도록 하는데 기여했다.					
10. 지방자치 실시 이후 지방자치단체가 주민행정 수요에 효과적으로 대응하도록 하는데 기여했다.					
11. 지방자치 실시 이후 지역의 정체성과 다양성을 확보하는데 기여하였다.					
12. 지방자치 실시 이후 지역의 사회공동체 형성에 기여했다.					
13. 지방자치 실시 이후 지역의 경제 발전에 기여하였다.					

Ⅲ. 다음은 인구사회학적 특성을 묻는 질문입니다. 귀하와 일치하는 곳에 "✔"표 해 주십시오.

1. 귀하의 성별은?
   ① 남자   ② 여자

2. 귀하의 연령은?
   ① 20대   ② 30대   ③ 40대   ④ 50대   ⑤ 60대 이상

3. 귀하의 학력은?
   ① 고졸 이하   ② 전문대졸   ③ 대졸   ④ 대학원 이상

4. 귀하의 종교는?
   ① 기독교   ② 천주교   ③ 불교   ④ 기타   ⑤ 없다

5. 귀하의 현 거주지에서 거주기간은?
   ① 10년 미만   ② 10~20년 미만   ③ 20~30년 미만   ④ 30년 이상

6. 귀하의 지역에서 신분은?
   ① 지역주민   ② 지방의회의원

7. 귀 가정의 월평균 소득은?
   ① 200만원 미만   ② 200~300만원 미만   ③ 300~400만원 미만
   ④ 400~500만원 미만   ⑤ 500만원 이상

지금까지 응답해주셔서 감사드립니다~~!!!

A Study on Functional Correlations between Positive Influence of Local Newspapers and the Development of Local Government

The Article 2 of the "Special Law on Support for the Development of Local Newspapers" stipulates that Local newspapers are defined as the newspapers dealing with some special cities, metropolitan cities, and special self-governing cities in the regional areas and local provinces. They are distributed mainly to the cities in the regional areas.

Accordingly, while national papers deal with the entire nation, the Local newspapers play a role in forming regional opinion, representing regional interests, providing a ground for discussions. They also compromise the different and conflicting interests of the local governments and cities based on the regional governing cities.

This study is aimed at proving the existence of the correlations between activation of the Local newspapers and the development of the governments in the regional areas. It is also directed at the positive role of the influence of the Local newspapers on the local self-governing cities as the papers secured their position as the alternative newspapers.

In order to achieve the objectives, both methods of document and empirical analysis were used in this study. Through the document analysis the theoretical frames were formed while a hypothesis on the correlations between Local newspapers and the development of local governments was proved in the study.

For the empirical analysis a selection of some 700 councilors of the local governments and local residents was made. They were surveyed individually and the collected data were analyzed by using the program of "SPSS WIN 21.0."

The following are the results of the analysis.

First, the Local newspapers function as the news media for providing news and information and for restoring a sense of community among the local residents. They also function as alternative news media and as the entertainment media for the local people.

This shows clearly that the local newspapers contributed to the development of the local governments through the functions above. As their functions strengthened the development of the local governments increased.

Second, the political, economic, and social roles of the local newspapers inflicted positive influence on the development of the local governments through this statistical study.

The result reveals that as the local newspapers' roles increased more development of the local governments were made.

Third, councilors of the local councils or local assemblies were more aware of the local newspapers' roles and functions for the development of the local governments than the local residents. Their functions included news reporting, restoring a sense of community among the local residents, alternative news media, and entertainment media.

Their roles included political, economic, social, and cultural ones.

Based on the results of the study the following policy suggestions are presented.

First, the local newspapers should do their utmost to better inform the so-called "underprivileged" local residents in the local areas rarely covered by the major national daily newspapers. These people exclude local councilors and local opinion leaders.

The local newspapers should do their best to represent the interests and causes of them for the development of the local areas governed by local governments.

Second, the local newspapers should play their "watchdog" role in criticizing and overseeing the administration of the local governments and activities of the local councils. They should perform dutifully as a public tool to form a desirable public opinion for the locals.

Third, the local newspapers should play more active role in forming public opinion for the local councilors and other opinion formers. They should come up with policy directions and alternative policies for these local leaders. The local leaders tend to rely on the local newspapers more than the lay local people.

Fourth, the local newspapers should do more for the local residents so that they can have more interests in the local media. To increase their participation in the local newspapers, they should pay more attentions to the problems and issues of the local residents such as local environmental issues.

Finally, the local newspapers should be able to be self-reliant on their operation without government subsidies or outer financial support. Therefore, they can only secure their position as the local news media to best represent the interests of the local people in the regional areas.